Maximilian Beck
Dr. Drohne ˈdɒktə dʀoːnə

Checklisten, Flugbuch & Infos

Bibliografische Information der Deutschen Nationalbibliothek:
Die Deutsche Nationalbibliothek verzeichnet diese Publikation in der Deutschen Nationalbibliografie; detaillierte bibliografische Daten sind im Internet über http://dnb.dnb.de abrufbar.

© 2017 Maximilian Beck

4. Auflage

Illustrationen: Maximilian Beck
Herstellung und Verlag: BoD – Books on Demand, Norderstedt

ISBN: 978-3-74125-1153

Inhalt

Vorwort	4
Wichtige Kontakte	5
Eigene Daten / Flugbuch	6
Wichtige Gesetze für unbemannte Fluggeräte	149
Luftverkehrsgesetz	149
Luftverkehrszulassungsordnung	150
Luftverkehrsordnung	150
Links und Apps	158
Apps	158
Links	159

Vorwort

Für erlaubnisbedürftige Flugmodelle und unbemannte Luftfahrtsysteme besteht die Pflicht zur Führung eines Flugbuches. Dieses kann formlos oder auch per App geführt werden. Es muss zwei Jahre aufbewahrt und auf Verlangen der zuständigen Luftfahrtbehörde vorgelegt werden.

Als stolzer Besitzer eines Multicopters haben Sie sich bestimmt bereits über alle rechtlichen Problemstellungen in meinem Buch **„Drohnen Guide Band 1: Basiswissen für den Kenntnisnachweis"** und **„Drohnen Guide Band 2: Risikomanagement für zivile Drohnen & SORA"** informiert.

„Dr. Drohne - Checklisten, Flugbuch & Infos" erfüllt die aktuellen Voraussetzungen eines Flugbuches (NfL 1-1163-17) und ist um Checklisten ergänzt, sodass Sie vorm Start nichts vergessen. Zusätzlich haben Sie die Möglichkeit die SORA-Werte zu notieren. Zudem finden Sie die wichtigsten Paragraphen für unbemannte Fluggeräte im hinteren Teil zum Nachlesen.

Und nun wünschen wir einen guten und sicheren Flug mit Ihrem Multicopter.

Wichtige Kontakte

Notruf   112

Polizei (allgemein): 110

BFU   0531-35480

Flugsicherung   _____

Polizeidienststelle _____

Ordnungsbehörde   _____

Versicherung   _____

_____   _____

_____   _____

_____   _____

_____   _____

_____   _____

_____   _____

Eigene Daten / Flugbuch

Firma/ Name _____

Name   _____

Adresse   _____

Telefon   _____

Email   _____

Steuerer 1/   _____
Kürzel

Steuerer 2/   _____
Kürzel

Steuerer 3/   _____
Kürzel

Steuerer 4/   _____
Kürzel

Steuerer 5/   _____
Kürzel

Steuerer 6/   _____
Kürzel

Packliste

- ◯ UAV mit Zubehör
- ◯ Absperrmaterial
- ◯ _____
- ◯ Erste-Hilfe-Kit
- ◯ Feuerlöscher
- ◯ _____
- ◯ Dokumente
- ◯ Weste / Helm
- ◯ _____

SORA   Pre-Start-Checkup

1) **SORA** *nötig?* (+) (−)
2) **GRC** *korrigiert** _____
3) **ARC** *korrigiert** _____
4) **Risikoklasse** _____
5) **ConOps** *erstellt* (+) (−)

- ◯ Mental bereit
- ◯ Abruf NOTAM
- ◯ Genehmigungen
- ◯ Flugverbote (−)
- ◯ Freigabe Tower
- ◯ Akkucheck UAS/RC
- ◯ Flugbereich sicher
- ◯ Polizei/O-Amt Info
- ◯ Kontrollzone (−)
- ◯ _____

Vor Start der Motoren

- ◯ Beleuchtung OK
- ◯ GPS-Signal OK
- ◯ RC-Verbindung OK
- ◯ Flugmodus OK
- ◯ Propeller fest
- ◯ _____

Nach Start der Motoren

- ◯ Schwebeflug OK
- ◯ Flugverkehr (−)
- ◯ Reaktion RC OK
- ◯ Bildsignal OK
- ◯ Störquellen (−)
- ◯ _____

Flugdaten

Flugnummer

Datum** *(TT.MM.JJJJ)*

Uhrzeit** *(hh:mm)*

Steuerer** *(Kürzel)*

System /Gerät**

Flugdauer** *(hh:mm)*

Zweck

Wetter / Wind *(km/h)*

Anzahl Aufstiege**

Aufstiegs- und Einsatzort** *(Adresse / Koordinaten)*

Besonderheiten, Vorkomnisse, Betriebsstörungen**, Notizen

* Unkorrigierte GRC (bzw. ARC) abzüglich Schadensminimierung/ Barrieren
**Pflichtangaben gemäß "Gemeinsame Grundsätze". Die Aufzeichnungen sind 2 Jahre aufzubewahren!

Packliste

- ◯ UAV mit Zubehör
- ◯ Erste-Hilfe-Kit
- ◯ Dokumente
- ◯ Absperrmaterial
- ◯ Feuerlöscher
- ◯ Weste / Helm
- ◯ _____
- ◯ _____
- ◯ _____

SORA

1) **SORA** *nötig?* (+) (-)
2) **GRC** *korrigiert** _____
3) **ARC** *korrigiert** _____
4) **Risikoklasse** _____
5) **ConOps** *erstellt* (+) (-)

Pre-Start-Checkup

- ◯ Mental bereit
- ◯ Akkucheck UAS/RC
- ◯ Abruf NOTAM
- ◯ Flugbereich sicher
- ◯ Genehmigungen
- ◯ Polizei/O-Amt Info
- ◯ Flugverbote (-)
- ◯ Kontrollzone (-)
- ◯ Freigabe Tower
- ◯ _____

Vor Start der Motoren

- ◯ Beleuchtung OK
- ◯ RC-Verbindung OK
- ◯ Propeller fest
- ◯ GPS-Signal OK
- ◯ Flugmodus OK
- ◯ _____

Nach Start der Motoren

- ◯ Schwebeflug OK
- ◯ Reaktion RC OK
- ◯ Störquellen (-)
- ◯ Flugverkehr (-)
- ◯ Bildsignal OK
- ◯ _____

Flugdaten

Flugnummer

Datum** *(TT.MM.JJJJ)*

Uhrzeit** *(hh:mm)*

Steuerer** *(Kürzel)*

System /Gerät**

Flugdauer** *(hh:mm)*

Zweck

Wetter / Wind *(km/h)*

Anzahl Aufstiege**

Aufstiegs- und Einsatzort** *(Adresse / Koordinaten)*

Besonderheiten, Vorkommnisse, Betriebsstörungen**, Notizen

* Unkorrigierte GRC (bzw. ARC) abzüglich Schadensminimierung/ Barrieren
**Pflichtangaben gemäß "Gemeinsame Grundsätze". Die Aufzeichnungen sind 2 Jahre aufzubewahren!

Packliste

- ○ UAV mit Zubehör
- ○ Absperrmaterial
- ○ _____
- ○ Erste-Hilfe-Kit
- ○ Feuerlöscher
- ○ _____
- ○ Dokumente
- ○ Weste / Helm
- ○ _____

SORA   Pre-Start-Checkup

1) **SORA** *nötig?* (+) (−)
2) **GRC** *korrigiert** ____
3) **ARC** *korrigiert** ____
4) **Risikoklasse** ____
5) **ConOps** *erstellt* (+) (−)

- ○ Mental bereit
- ○ Abruf NOTAM
- ○ Genehmigungen
- ○ Flugverbote (−)
- ○ Freigabe Tower
- ○ Akkucheck UAS/RC
- ○ Flugbereich sicher
- ○ Polizei/O-Amt Info
- ○ Kontrollzone (−)
- ○ _____

Vor Start der Motoren

- ○ Beleuchtung OK
- ○ GPS-Signal OK
- ○ RC-Verbindung OK
- ○ Flugmodus OK
- ○ Propeller fest
- ○ _____

Nach Start der Motoren

- ○ Schwebeflug OK
- ○ Flugverkehr (−)
- ○ Reaktion RC OK
- ○ Bildsignal OK
- ○ Störquellen (−)
- ○ _____

Flugdaten

Flugnummer

Datum** *(TT.MM.JJJJ)*

Uhrzeit** *(hh:mm)*

Steuerer** *(Kürzel)*

System /Gerät**

Flugdauer** *(hh:mm)*

Zweck

Wetter / Wind *(km/h)*

Anzahl Aufstiege**

Aufstiegs- und Einsatzort** *(Adresse / Koordinaten)*

Besonderheiten, Vorkommnisse, Betriebsstörungen**, Notizen

* Unkorrigierte GRC (bzw. ARC) abzüglich Schadensminimierung/ Barrieren
**Pflichtangaben gemäß "Gemeinsame Grundsätze". Die Aufzeichnungen sind 2 Jahre aufzubewahren!

Packliste

- ◯ UAV mit Zubehör
- ◯ Absperrmaterial
- ◯ _____
- ◯ Erste-Hilfe-Kit
- ◯ Feuerlöscher
- ◯ _____
- ◯ Dokumente
- ◯ Weste / Helm
- ◯ _____

SORA

1) **SORA** *nötig?* (+) (-)
2) **GRC** *korrigiert** _____
3) **ARC** *korrigiert** _____
4) **Risikoklasse** _____
5) **ConOps** *erstellt* (+) (-)

Pre-Start-Checkup

- ◯ Mental bereit
- ◯ Abruf NOTAM
- ◯ Genehmigungen
- ◯ Flugverbote (-)
- ◯ Freigabe Tower
- ◯ Akkucheck UAS/RC
- ◯ Flugbereich sicher
- ◯ Polizei/O-Amt Info
- ◯ Kontrollzone (-)
- ◯ _____

Vor Start der Motoren

- ◯ Beleuchtung OK
- ◯ GPS-Signal OK
- ◯ RC-Verbindung OK
- ◯ Flugmodus OK
- ◯ Propeller fest
- ◯ _____

Nach Start der Motoren

- ◯ Schwebeflug OK
- ◯ Flugverkehr (-)
- ◯ Reaktion RC OK
- ◯ Bildsignal OK
- ◯ Störquellen (-)
- ◯ _____

Flugdaten

Flugnummer	Datum** *(TT.MM.JJJJ)*	Uhrzeit** *(hh:mm)*
		:

Steuerer** *(Kürzel)*	System /Gerät**	Flugdauer** *(hh:mm)*
		:

Zweck	Wetter / Wind *(km/h)*	Anzahl Aufstiege**
	☀ ☁ 🌧	

Aufstiegs- und Einsatzort** *(Adresse / Koordinaten)*

Besonderheiten, Vorkomnisse, Betriebsstörungen**, Notizen

* Unkorrigierte GRC (bzw. ARC) abzüglich Schadensminimierung/ Barrieren
**Pflichtangaben gemäß "Gemeinsame Grundsätze". Die Aufzeichnungen sind 2 Jahre aufzubewahren!

Packliste

- ◯ UAV mit Zubehör
- ◯ Absperrmaterial
- ◯ _____
- ◯ Erste-Hilfe-Kit
- ◯ Feuerlöscher
- ◯ _____
- ◯ Dokumente
- ◯ Weste / Helm
- ◯ _____

SORA

1) **SORA** *nötig?* (+) (−)
2) **GRC** *korrigiert** ____
3) **ARC** *korrigiert** ____
4) **Risikoklasse** ____
5) **ConOps** *erstellt* (+) (−)

Pre-Start-Checkup

- ◯ Mental bereit
- ◯ Abruf NOTAM
- ◯ Genehmigungen
- ◯ Flugverbote (−)
- ◯ Freigabe Tower
- ◯ Akkucheck UAS/RC
- ◯ Flugbereich sicher
- ◯ Polizei/O-Amt Info
- ◯ Kontrollzone (−)
- ◯ _____

Vor Start der Motoren

- ◯ Beleuchtung OK
- ◯ GPS-Signal OK
- ◯ RC-Verbindung OK
- ◯ Flugmodus OK
- ◯ Propeller fest
- ◯ _____

Nach Start der Motoren

- ◯ Schwebeflug OK
- ◯ Flugverkehr (−)
- ◯ Reaktion RC OK
- ◯ Bildsignal OK
- ◯ Störquellen (−)
- ◯ _____

Flugdaten

Flugnummer

Datum** *(TT.MM.JJJJ)*

Uhrzeit** *(hh:mm)*

Steuerer** *(Kürzel)*

System /Gerät**

Flugdauer** *(hh:mm)*

Zweck

Wetter / Wind *(km/h)*

Anzahl Aufstiege**

Aufstiegs- und Einsatzort** *(Adresse / Koordinaten)*

Besonderheiten, Vorkommnisse, Betriebsstörungen**, Notizen

* Unkorrigierte GRC (bzw. ARC) abzüglich Schadensminimierung/ Barrieren
**Pflichtangaben gemäß "Gemeinsame Grundsätze". Die Aufzeichnungen sind 2 Jahre aufzubewahren!

Packliste

- ○ UAV mit Zubehör
- ○ Absperrmaterial
- ○ _____
- ○ Erste-Hilfe-Kit
- ○ Feuerlöscher
- ○ _____
- ○ Dokumente
- ○ Weste / Helm
- ○ _____

SORA Pre-Start-Checkup

1) **SORA** *nötig?* (+) (-)
2) **GRC** *korrigiert** _____
3) **ARC** *korrigiert** _____
4) **Risikoklasse** _____
5) **ConOps** *erstellt* (+) (-)

- ○ Mental bereit
- ○ Abruf NOTAM
- ○ Genehmigungen
- ○ Flugverbote (-)
- ○ Freigabe Tower
- ○ Akkucheck UAS/RC
- ○ Flugbereich sicher
- ○ Polizei/O-Amt Info
- ○ Kontrollzone (-)
- ○ _____

Vor Start der Motoren

- ○ Beleuchtung OK
- ○ GPS-Signal OK
- ○ RC-Verbindung OK
- ○ Flugmodus OK
- ○ Propeller fest
- ○ _____

Nach Start der Motoren

- ○ Schwebeflug OK
- ○ Flugverkehr (-)
- ○ Reaktion RC OK
- ○ Bildsignal OK
- ○ Störquellen (-)
- ○ _____

Flugdaten

Flugnummer	Datum** *(TT.MM.JJJJ)*	Uhrzeit** *(hh:mm)*
		:

Steuerer** *(Kürzel)*	System /Gerät**	Flugdauer** *(hh:mm)*
		:

Zweck	Wetter / Wind *(km/h)*	Anzahl Aufstiege**

Aufstiegs- und Einsatzort** *(Adresse / Koordinaten)*

Besonderheiten, Vorkomnisse, Betriebsstörungen**, Notizen

* Unkorrigierte GRC (bzw. ARC) abzüglich Schadensminimierung/ Barrieren
**Pflichtangaben gemäß "Gemeinsame Grundsätze". Die Aufzeichnungen sind 2 Jahre aufzubewahren!

Packliste

- ○ UAV mit Zubehör
- ○ Absperrmaterial
- ○ _____

- ○ Erste-Hilfe-Kit
- ○ Feuerlöscher
- ○ _____

- ○ Dokumente
- ○ Weste / Helm
- ○ _____

SORA

1) **SORA** *nötig?* (+) (-)
2) **GRC** *korrigiert** _____
3) **ARC** *korrigiert** _____
4) **Risikoklasse** _____
5) **ConOps** *erstellt* (+) (-)

Pre-Start-Checkup

- ○ Mental bereit
- ○ Abruf NOTAM
- ○ Genehmigungen
- ○ Flugverbote (-)
- ○ Freigabe Tower

- ○ Akkucheck UAS/RC
- ○ Flugbereich sicher
- ○ Polizei/O-Amt Info
- ○ Kontrollzone (-)
- ○ _____

Vor Start der Motoren

- ○ Beleuchtung OK
- ○ GPS-Signal OK
- ○ RC-Verbindung OK
- ○ Flugmodus OK
- ○ Propeller fest
- ○ _____

Nach Start der Motoren

- ○ Schwebeflug OK
- ○ Flugverkehr (-)
- ○ Reaktion RC OK
- ○ Bildsignal OK
- ○ Störquellen (-)
- ○ _____

Flugdaten

Flugnummer	Datum** *(TT.MM.JJJJ)*	Uhrzeit** *(hh:mm)*
		:
Steuerer** *(Kürzel)*	System /Gerät**	Flugdauer** *(hh:mm)*
		:
Zweck	Wetter / Wind *(km/h)*	Anzahl Aufstiege**

Aufstiegs- und Einsatzort** *(Adresse / Koordinaten)*

Besonderheiten, Vorkommnisse, Betriebsstörungen**, Notizen

* Unkorrigierte GRC (bzw. ARC) abzüglich Schadensminimierung/ Barrieren
**Pflichtangaben gemäß "Gemeinsame Grundsätze". Die Aufzeichnungen sind 2 Jahre aufzubewahren!

Packliste

- ◯ UAV mit Zubehör
- ◯ Absperrmaterial
- ◯ _____
- ◯ Erste-Hilfe-Kit
- ◯ Feuerlöscher
- ◯ _____
- ◯ Dokumente
- ◯ Weste / Helm
- ◯ _____

SORA

1) **SORA** *nötig?* (+) (-)
2) **GRC** *korrigiert** _____
3) **ARC** *korrigiert** _____
4) **Risikoklasse** _____
5) **ConOps** *erstellt* (+) (-)

Pre-Start-Checkup

- ◯ Mental bereit
- ◯ Abruf NOTAM
- ◯ Genehmigungen
- ◯ Flugverbote (-)
- ◯ Freigabe Tower
- ◯ Akkucheck UAS/RC
- ◯ Flugbereich sicher
- ◯ Polizei/O-Amt Info
- ◯ Kontrollzone (-)
- ◯ _____

Vor Start der Motoren

- ◯ Beleuchtung OK
- ◯ GPS-Signal OK
- ◯ RC-Verbindung OK
- ◯ Flugmodus OK
- ◯ Propeller fest
- ◯ _____

Nach Start der Motoren

- ◯ Schwebeflug OK
- ◯ Flugverkehr (-)
- ◯ Reaktion RC OK
- ◯ Bildsignal OK
- ◯ Störquellen (-)
- ◯ _____

Flugdaten

Flugnummer	Datum** *(TT.MM.JJJJ)*	Uhrzeit** *(hh:mm)*
		:
Steuerer** *(Kürzel)*	**System /Gerät****	**Flugdauer**** *(hh:mm)*
		:
Zweck	**Wetter / Wind** *(km/h)*	**Anzahl Aufstiege****
	☀ ☁ 🌧	

Aufstiegs- und Einsatzort** *(Adresse / Koordinaten)*

Besonderheiten, Vorkommnisse, Betriebsstörungen**, Notizen

* Unkorrigierte GRC (bzw. ARC) abzüglich Schadensminimierung/ Barrieren
**Pflichtangaben gemäß "Gemeinsame Grundsätze". Die Aufzeichnungen sind 2 Jahre aufzubewahren!

Packliste

- ◯ UAV mit Zubehör
- ◯ Erste-Hilfe-Kit
- ◯ Dokumente
- ◯ Absperrmaterial
- ◯ Feuerlöscher
- ◯ Weste / Helm
- ◯ _____
- ◯ _____
- ◯ _____

SORA   Pre-Start-Checkup

1) **SORA** *nötig?* (+) (−)
2) **GRC** *korrigiert** ____
3) **ARC** *korrigiert** ____
4) **Risikoklasse** ____
5) **ConOps** *erstellt* (+) (−)

- ◯ Mental bereit
- ◯ Abruf NOTAM
- ◯ Genehmigungen
- ◯ Flugverbote (−)
- ◯ Freigabe Tower
- ◯ Akkucheck UAS/RC
- ◯ Flugbereich sicher
- ◯ Polizei/O-Amt Info
- ◯ Kontrollzone (−)
- ◯ _____

Vor Start der Motoren

- ◯ Beleuchtung OK
- ◯ RC-Verbindung OK
- ◯ Propeller fest
- ◯ GPS-Signal OK
- ◯ Flugmodus OK
- ◯ _____

Nach Start der Motoren

- ◯ Schwebeflug OK
- ◯ Reaktion RC OK
- ◯ Störquellen (−)
- ◯ Flugverkehr (−)
- ◯ Bildsignal OK
- ◯ _____

Flugdaten

Flugnummer

Datum** *(TT.MM.JJJJ)*

Uhrzeit** *(hh:mm)*

Steuerer** *(Kürzel)*

System /Gerät**

Flugdauer** *(hh:mm)*

Zweck

Wetter / Wind *(km/h)*

Anzahl Aufstiege**

Aufstiegs- und Einsatzort** *(Adresse / Koordinaten)*

Besonderheiten, Vorkommnisse, Betriebsstörungen**, Notizen

* Unkorrigierte GRC (bzw. ARC) abzüglich Schadensminimierung/ Barrieren
**Pflichtangaben gemäß "Gemeinsame Grundsätze". Die Aufzeichnungen sind 2 Jahre aufzubewahren!

Packliste

- ◯ UAV mit Zubehör
- ◯ Absperrmaterial
- ◯ _____
- ◯ Erste-Hilfe-Kit
- ◯ Feuerlöscher
- ◯ _____
- ◯ Dokumente
- ◯ Weste / Helm
- ◯ _____

SORA

1) **SORA** *nötig?* (+) (-)
2) **GRC** *korrigiert** ____
3) **ARC** *korrigiert** ____
4) **Risikoklasse** ____
5) **ConOps** *erstellt* (+) (-)

Pre-Start-Checkup

- ◯ Mental bereit
- ◯ Abruf NOTAM
- ◯ Genehmigungen
- ◯ Flugverbote (-)
- ◯ Freigabe Tower
- ◯ Akkucheck UAS/RC
- ◯ Flugbereich sicher
- ◯ Polizei/O-Amt Info
- ◯ Kontrollzone (-)
- ◯ _____

Vor Start der Motoren

- ◯ Beleuchtung OK
- ◯ GPS-Signal OK
- ◯ RC-Verbindung OK
- ◯ Flugmodus OK
- ◯ Propeller fest
- ◯ _____

Nach Start der Motoren

- ◯ Schwebeflug OK
- ◯ Flugverkehr (-)
- ◯ Reaktion RC OK
- ◯ Bildsignal OK
- ◯ Störquellen (-)
- ◯ _____

Flugdaten

Flugnummer	Datum** *(TT.MM.JJJJ)*	Uhrzeit** *(hh:mm)*
		:
Steuerer** *(Kürzel)*	**System /Gerät****	**Flugdauer**** *(hh:mm)*
		:
Zweck	**Wetter / Wind** *(km/h)*	**Anzahl Aufstiege****
	☼ ☁ 🌧	

Aufstiegs- und Einsatzort** *(Adresse / Koordinaten)*

Besonderheiten, Vorkommnisse, Betriebsstörungen**, Notizen

* Unkorrigierte GRC (bzw. ARC) abzüglich Schadensminimierung/ Barrieren
**Pflichtangaben gemäß "Gemeinsame Grundsätze". Die Aufzeichnungen sind 2 Jahre aufzubewahren!

Packliste

- ◯ UAV mit Zubehör
- ◯ Absperrmaterial
- ◯ _____
- ◯ Erste-Hilfe-Kit
- ◯ Feuerlöscher
- ◯ _____
- ◯ Dokumente
- ◯ Weste / Helm
- ◯ _____

SORA

1) **SORA** *nötig?* (+) (-)
2) **GRC** *korrigiert** ____
3) **ARC** *korrigiert** ____
4) **Risikoklasse** ____
5) **ConOps** *erstellt* (+) (-)

Pre-Start-Checkup

- ◯ Mental bereit
- ◯ Abruf NOTAM
- ◯ Genehmigungen
- ◯ Flugverbote (-)
- ◯ Freigabe Tower
- ◯ Akkucheck UAS/RC
- ◯ Flugbereich sicher
- ◯ Polizei/O-Amt Info
- ◯ Kontrollzone (-)
- ◯ _____

Vor Start der Motoren

- ◯ Beleuchtung OK
- ◯ GPS-Signal OK
- ◯ RC-Verbindung OK
- ◯ Flugmodus OK
- ◯ Propeller fest
- ◯ _____

Nach Start der Motoren

- ◯ Schwebeflug OK
- ◯ Flugverkehr (-)
- ◯ Reaktion RC OK
- ◯ Bildsignal OK
- ◯ Störquellen (-)
- ◯ _____

Flugdaten

Flugnummer	Datum** *(TT.MM.JJJJ)*	Uhrzeit** *(hh:mm)*
		:
Steuerer** *(Kürzel)*	**System /Gerät****	**Flugdauer**** *(hh:mm)*
		:
Zweck	**Wetter / Wind** *(km/h)*	**Anzahl Aufstiege****
	☀ ☁ 🌧	

Aufstiegs- und Einsatzort** *(Adresse / Koordinaten)*

Besonderheiten, Vorkomnisse, Betriebsstörungen**, Notizen

* Unkorrigierte GRC (bzw. ARC) abzüglich Schadensminimierung/ Barrieren
**Pflichtangaben gemäß "Gemeinsame Grundsätze". Die Aufzeichnungen sind 2 Jahre aufzubewahren!

Packliste

- ◯ UAV mit Zubehör
- ◯ Absperrmaterial
- ◯ _____
- ◯ Erste-Hilfe-Kit
- ◯ Feuerlöscher
- ◯ _____
- ◯ Dokumente
- ◯ Weste / Helm
- ◯ _____

SORA

1) **SORA** *nötig?* (+) (-)
2) **GRC** *korrigiert* * _____
3) **ARC** *korrigiert* * _____
4) **Risikoklasse** _____
5) **ConOps** *erstellt* (+) (-)

Pre-Start-Checkup

- ◯ Mental bereit
- ◯ Abruf NOTAM
- ◯ Genehmigungen
- ◯ Flugverbote (-)
- ◯ Freigabe Tower
- ◯ Akkucheck UAS/RC
- ◯ Flugbereich sicher
- ◯ Polizei/O-Amt Info
- ◯ Kontrollzone (-)
- ◯ _____

Vor Start der Motoren

- ◯ Beleuchtung OK
- ◯ GPS-Signal OK
- ◯ RC-Verbindung OK
- ◯ Flugmodus OK
- ◯ Propeller fest
- ◯ _____

Nach Start der Motoren

- ◯ Schwebeflug OK
- ◯ Flugverkehr (-)
- ◯ Reaktion RC OK
- ◯ Bildsignal OK
- ◯ Störquellen (-)
- ◯ _____

Flugdaten

Flugnummer	Datum** *(TT.MM.JJJJ)*	Uhrzeit** *(hh:mm)*
		:

Steuerer** *(Kürzel)*	System /Gerät**	Flugdauer** *(hh:mm)*
		:

Zweck	Wetter / Wind *(km/h)*	Anzahl Aufstiege**
	☀ ☁ 🌧	

Aufstiegs- und Einsatzort** *(Adresse / Koordinaten)*

Besonderheiten, Vorkomnisse, Betriebsstörungen**, Notizen

* Unkorrigierte GRC (bzw. ARC) abzüglich Schadensminimierung/ Barrieren
**Pflichtangaben gemäß "Gemeinsame Grundsätze". Die Aufzeichnungen sind 2 Jahre aufzubewahren!

Packliste

- ◯ UAV mit Zubehör
- ◯ Absperrmaterial
- ◯ _____
- ◯ Erste-Hilfe-Kit
- ◯ Feuerlöscher
- ◯ _____
- ◯ Dokumente
- ◯ Weste / Helm
- ◯ _____

SORA

1) **SORA** *nötig?* (+) (−)
2) **GRC** *korrigiert** _____
3) **ARC** *korrigiert** _____
4) **Risikoklasse** _____
5) **ConOps** *erstellt* (+) (−)

Pre-Start-Checkup

- ◯ Mental bereit
- ◯ Abruf NOTAM
- ◯ Genehmigungen
- ◯ Flugverbote (−)
- ◯ Freigabe Tower
- ◯ Akkucheck UAS/RC
- ◯ Flugbereich sicher
- ◯ Polizei/O-Amt Info
- ◯ Kontrollzone (−)
- ◯ _____

Vor Start der Motoren

- ◯ Beleuchtung OK
- ◯ GPS-Signal OK
- ◯ RC-Verbindung OK
- ◯ Flugmodus OK
- ◯ Propeller fest
- ◯ _____

Nach Start der Motoren

- ◯ Schwebeflug OK
- ◯ Flugverkehr (−)
- ◯ Reaktion RC OK
- ◯ Bildsignal OK
- ◯ Störquellen (−)
- ◯ _____

Flugdaten

Flugnummer	Datum** *(TT.MM.JJJJ)*	Uhrzeit** *(hh:mm)*
		:
Steuerer** *(Kürzel)*	System /Gerät**	Flugdauer** *(hh:mm)*
		:
Zweck	Wetter / Wind *(km/h)*	Anzahl Aufstiege**

Aufstiegs- und Einsatzort** *(Adresse / Koordinaten)*

Besonderheiten, Vorkommnisse, Betriebsstörungen**, Notizen

* Unkorrigierte GRC (bzw. ARC) abzüglich Schadensminimierung/ Barrieren
**Pflichtangaben gemäß "Gemeinsame Grundsätze". Die Aufzeichnungen sind 2 Jahre aufzubewahren!

Packliste

- ◯ UAV mit Zubehör
- ◯ Absperrmaterial
- ◯ _____
- ◯ Erste-Hilfe-Kit
- ◯ Feuerlöscher
- ◯ _____
- ◯ Dokumente
- ◯ Weste / Helm
- ◯ _____

SORA

1) **SORA** *nötig?* (+) (-)
2) **GRC** *korrigiert** _____
3) **ARC** *korrigiert** _____
4) **Risikoklasse** _____
5) **ConOps** *erstellt* (+) (-)

Pre-Start-Checkup

- ◯ Mental bereit
- ◯ Abruf NOTAM
- ◯ Genehmigungen
- ◯ Flugverbote (-)
- ◯ Freigabe Tower
- ◯ Akkucheck UAS/RC
- ◯ Flugbereich sicher
- ◯ Polizei/O-Amt Info
- ◯ Kontrollzone (-)
- ◯ _____

Vor Start der Motoren

- ◯ Beleuchtung OK
- ◯ GPS-Signal OK
- ◯ RC-Verbindung OK
- ◯ Flugmodus OK
- ◯ Propeller fest
- ◯ _____

Nach Start der Motoren

- ◯ Schwebeflug OK
- ◯ Flugverkehr (-)
- ◯ Reaktion RC OK
- ◯ Bildsignal OK
- ◯ Störquellen (-)
- ◯ _____

Flugdaten

Flugnummer	Datum** *(TT.MM.JJJJ)*	Uhrzeit** *(hh:mm)*
		:

Steuerer** *(Kürzel)*	System /Gerät**	Flugdauer** *(hh:mm)*
		:

Zweck	Wetter / Wind *(km/h)*	Anzahl Aufstiege**
	☀ ☁ 🌧	

Aufstiegs- und Einsatzort** *(Adresse / Koordinaten)*

Besonderheiten, Vorkommnisse, Betriebsstörungen**, Notizen

* Unkorrigierte GRC (bzw. ARC) abzüglich Schadensminimierung/ Barrieren
**Pflichtangaben gemäß "Gemeinsame Grundsätze". Die Aufzeichnungen sind 2 Jahre aufzubewahren!

Packliste

- ◯ UAV mit Zubehör
- ◯ Absperrmaterial
- ◯ _____
- ◯ Erste-Hilfe-Kit
- ◯ Feuerlöscher
- ◯ _____
- ◯ Dokumente
- ◯ Weste / Helm
- ◯ _____

SORA   Pre-Start-Checkup

1) **SORA** *nötig?* (+) (-)
2) **GRC** *korrigiert** ____
3) **ARC** *korrigiert** ____
4) **Risikoklasse** ____
5) **ConOps** *erstellt* (+) (-)

- ◯ Mental bereit
- ◯ Abruf NOTAM
- ◯ Genehmigungen
- ◯ Flugverbote (-)
- ◯ Freigabe Tower
- ◯ Akkucheck UAS/RC
- ◯ Flugbereich sicher
- ◯ Polizei/O-Amt Info
- ◯ Kontrollzone (-)
- ◯ _____

Vor Start der Motoren

- ◯ Beleuchtung OK
- ◯ GPS-Signal OK
- ◯ RC-Verbindung OK
- ◯ Flugmodus OK
- ◯ Propeller fest
- ◯ _____

Nach Start der Motoren

- ◯ Schwebeflug OK
- ◯ Flugverkehr (-)
- ◯ Reaktion RC OK
- ◯ Bildsignal OK
- ◯ Störquellen (-)
- ◯ _____

Flugdaten

Flugnummer

Datum** *(TT.MM.JJJJ)*

Uhrzeit** *(hh:mm)*

Steuerer** *(Kürzel)*

System /Gerät**

Flugdauer** *(hh:mm)*

Zweck

Wetter / Wind *(km/h)*

Anzahl Aufstiege**

Aufstiegs- und Einsatzort** *(Adresse / Koordinaten)*

Besonderheiten, Vorkommnisse, Betriebsstörungen**, Notizen

* Unkorrigierte GRC (bzw. ARC) abzüglich Schadensminimierung/ Barrieren
**Pflichtangaben gemäß "Gemeinsame Grundsätze". Die Aufzeichnungen sind 2 Jahre aufzubewahren!

Packliste

- ◯ UAV mit Zubehör
- ◯ Absperrmaterial
- ◯ _____
- ◯ Erste-Hilfe-Kit
- ◯ Feuerlöscher
- ◯ _____
- ◯ Dokumente
- ◯ Weste / Helm
- ◯ _____

SORA

1) **SORA** *nötig?* (+) (-)
2) **GRC** *korrigiert** _____
3) **ARC** *korrigiert** _____
4) **Risikoklasse** _____
5) **ConOps** *erstellt* (+) (-)

Pre-Start-Checkup

- ◯ Mental bereit
- ◯ Abruf NOTAM
- ◯ Genehmigungen
- ◯ Flugverbote (-)
- ◯ Freigabe Tower
- ◯ Akkucheck UAS/RC
- ◯ Flugbereich sicher
- ◯ Polizei/O-Amt Info
- ◯ Kontrollzone (-)
- ◯ _____

Vor Start der Motoren

- ◯ Beleuchtung OK
- ◯ GPS-Signal OK
- ◯ RC-Verbindung OK
- ◯ Flugmodus OK
- ◯ Propeller fest
- ◯ _____

Nach Start der Motoren

- ◯ Schwebeflug OK
- ◯ Flugverkehr (-)
- ◯ Reaktion RC OK
- ◯ Bildsignal OK
- ◯ Störquellen (-)
- ◯ _____

Flugdaten

Flugnummer	Datum** *(TT.MM.JJJJ)*	Uhrzeit** *(hh:mm)*
		:
Steuerer** *(Kürzel)*	**System /Gerät****	**Flugdauer**** *(hh:mm)*
		:
Zweck	**Wetter / Wind** *(km/h)*	**Anzahl Aufstiege****
	☀ ☁ 🌧	

Aufstiegs- und Einsatzort** *(Adresse / Koordinaten)*

Besonderheiten, Vorkommnisse, Betriebsstörungen**, Notizen

* Unkorrigierte GRC (bzw. ARC) abzüglich Schadensminimierung/ Barrieren
**Pflichtangaben gemäß "Gemeinsame Grundsätze". Die Aufzeichnungen sind 2 Jahre aufzubewahren!

Packliste

- ◯ UAV mit Zubehör
- ◯ Absperrmaterial
- ◯ _____
- ◯ Erste-Hilfe-Kit
- ◯ Feuerlöscher
- ◯ _____
- ◯ Dokumente
- ◯ Weste / Helm
- ◯ _____

SORA   Pre-Start-Checkup

1) **SORA** *nötig?* (+) (−)
2) **GRC** *korrigiert** ____
3) **ARC** *korrigiert** ____
4) **Risikoklasse** ____
5) **ConOps** *erstellt* (+) (−)

- ◯ Mental bereit
- ◯ Abruf NOTAM
- ◯ Genehmigungen
- ◯ Flugverbote (−)
- ◯ Freigabe Tower
- ◯ Akkucheck UAS/RC
- ◯ Flugbereich sicher
- ◯ Polizei/O-Amt Info
- ◯ Kontrollzone (−)
- ◯ _____

Vor Start der Motoren

- ◯ Beleuchtung OK
- ◯ GPS-Signal OK
- ◯ RC-Verbindung OK
- ◯ Flugmodus OK
- ◯ Propeller fest
- ◯ _____

Nach Start der Motoren

- ◯ Schwebeflug OK
- ◯ Flugverkehr (−)
- ◯ Reaktion RC OK
- ◯ Bildsignal OK
- ◯ Störquellen (−)
- ◯ _____

Flugdaten

Flugnummer	Datum** *(TT.MM.JJJJ)*	Uhrzeit** *(hh:mm)*
		:
Steuerer** *(Kürzel)*	System /Gerät**	Flugdauer** *(hh:mm)*
		:
Zweck	Wetter / Wind *(km/h)*	Anzahl Aufstiege**

Aufstiegs- und Einsatzort** *(Adresse / Koordinaten)*

Besonderheiten, Vorkomnisse, Betriebsstörungen**, Notizen

* Unkorrigierte GRC (bzw. ARC) abzüglich Schadensminimierung/ Barrieren
**Pflichtangaben gemäß "Gemeinsame Grundsätze". Die Aufzeichnungen sind 2 Jahre aufzubewahren!

Packliste

- ◯ UAV mit Zubehör
- ◯ Absperrmaterial
- ◯ _____
- ◯ Erste-Hilfe-Kit
- ◯ Feuerlöscher
- ◯ _____
- ◯ Dokumente
- ◯ Weste / Helm
- ◯ _____

SORA

1) **SORA** *nötig?* (+) (-)
2) **GRC** *korrigiert** ____
3) **ARC** *korrigiert** ____
4) **Risikoklasse** ____
5) **ConOps** *erstellt* (+) (-)

Pre-Start-Checkup

- ◯ Mental bereit
- ◯ Abruf NOTAM
- ◯ Genehmigungen
- ◯ Flugverbote (-)
- ◯ Freigabe Tower
- ◯ Akkucheck UAS/RC
- ◯ Flugbereich sicher
- ◯ Polizei/O-Amt Info
- ◯ Kontrollzone (-)
- ◯ _____

Vor Start der Motoren

- ◯ Beleuchtung OK
- ◯ GPS-Signal OK
- ◯ RC-Verbindung OK
- ◯ Flugmodus OK
- ◯ Propeller fest
- ◯ _____

Nach Start der Motoren

- ◯ Schwebeflug OK
- ◯ Flugverkehr (-)
- ◯ Reaktion RC OK
- ◯ Bildsignal OK
- ◯ Störquellen (-)
- ◯ _____

Flugdaten

Flugnummer	Datum** *(TT.MM.JJJJ)*	Uhrzeit** *(hh:mm)*
		:
Steuerer** *(Kürzel)*	System /Gerät**	Flugdauer** *(hh:mm)*
		:
Zweck	Wetter / Wind *(km/h)* ☀️ ☁️ 🌧️	Anzahl Aufstiege**

Aufstiegs- und Einsatzort** *(Adresse / Koordinaten)*

Besonderheiten, Vorkomnisse, Betriebsstörungen**, Notizen

* Unkorrigierte GRC (bzw. ARC) abzüglich Schadensminimierung/ Barrieren
**Pflichtangaben gemäß "Gemeinsame Grundsätze". Die Aufzeichnungen sind 2 Jahre aufzubewahren!

Packliste

- ◯ UAV mit Zubehör
- ◯ Absperrmaterial
- ◯ _____
- ◯ Erste-Hilfe-Kit
- ◯ Feuerlöscher
- ◯ _____
- ◯ Dokumente
- ◯ Weste / Helm
- ◯ _____

SORA

1) **SORA** *nötig?* (+) (−)
2) **GRC** *korrigiert** ____
3) **ARC** *korrigiert** ____
4) **Risikoklasse** ____
5) **ConOps** *erstellt* (+) (−)

Pre-Start-Checkup

- ◯ Mental bereit
- ◯ Abruf NOTAM
- ◯ Genehmigungen
- ◯ Flugverbote (−)
- ◯ Freigabe Tower
- ◯ Akkucheck UAS/RC
- ◯ Flugbereich sicher
- ◯ Polizei/O-Amt Info
- ◯ Kontrollzone (−)
- ◯ _____

Vor Start der Motoren

- ◯ Beleuchtung OK
- ◯ GPS-Signal OK
- ◯ RC-Verbindung OK
- ◯ Flugmodus OK
- ◯ Propeller fest
- ◯ _____

Nach Start der Motoren

- ◯ Schwebeflug OK
- ◯ Flugverkehr (−)
- ◯ Reaktion RC OK
- ◯ Bildsignal OK
- ◯ Störquellen (−)
- ◯ _____

Flugdaten

Flugnummer	Datum** *(TT.MM.JJJJ)*	Uhrzeit** *(hh:mm)*
		:
Steuerer** *(Kürzel)*	System /Gerät**	Flugdauer** *(hh:mm)*
		:
Zweck	Wetter / Wind *(km/h)*	Anzahl Aufstiege**
	☀ ☁ 🌧	

Aufstiegs- und Einsatzort** *(Adresse / Koordinaten)*

Besonderheiten, Vorkomnisse, Betriebsstörungen**, Notizen

* Unkorrigierte GRC (bzw. ARC) abzüglich Schadensminimierung/ Barrieren
**Pflichtangaben gemäß "Gemeinsame Grundsätze". Die Aufzeichnungen sind 2 Jahre aufzubewahren!

Packliste

- ◯ UAV mit Zubehör
- ◯ Absperrmaterial
- ◯ _____
- ◯ Erste-Hilfe-Kit
- ◯ Feuerlöscher
- ◯ _____
- ◯ Dokumente
- ◯ Weste / Helm
- ◯ _____

SORA

1) **SORA** *nötig?* (+) (-)
2) **GRC** *korrigiert** _____
3) **ARC** *korrigiert** _____
4) **Risikoklasse** _____
5) **ConOps** *erstellt* (+) (-)

Pre-Start-Checkup

- ◯ Mental bereit
- ◯ Abruf NOTAM
- ◯ Genehmigungen
- ◯ Flugverbote (-)
- ◯ Freigabe Tower
- ◯ Akkucheck UAS/RC
- ◯ Flugbereich sicher
- ◯ Polizei/O-Amt Info
- ◯ Kontrollzone (-)
- ◯ _____

Vor Start der Motoren

- ◯ Beleuchtung OK
- ◯ GPS-Signal OK
- ◯ RC-Verbindung OK
- ◯ Flugmodus OK
- ◯ Propeller fest
- ◯ _____

Nach Start der Motoren

- ◯ Schwebeflug OK
- ◯ Flugverkehr (-)
- ◯ Reaktion RC OK
- ◯ Bildsignal OK
- ◯ Störquellen (-)
- ◯ _____

Flugdaten

Flugnummer

Datum** *(TT.MM.JJJJ)*

Uhrzeit** *(hh:mm)* :

Steuerer** *(Kürzel)*

System /Gerät**

Flugdauer** *(hh:mm)* :

Zweck

Wetter / Wind *(km/h)*

Anzahl Aufstiege**

Aufstiegs- und Einsatzort** *(Adresse / Koordinaten)*

Besonderheiten, Vorkommnisse, Betriebsstörungen**, Notizen

* Unkorrigierte GRC (bzw. ARC) abzüglich Schadensminimierung/ Barrieren
**Pflichtangaben gemäß "Gemeinsame Grundsätze". Die Aufzeichnungen sind 2 Jahre aufzubewahren!

Packliste

- ◯ UAV mit Zubehör
- ◯ Absperrmaterial
- ◯ _____
- ◯ Erste-Hilfe-Kit
- ◯ Feuerlöscher
- ◯ _____
- ◯ Dokumente
- ◯ Weste / Helm
- ◯ _____

SORA

1) **SORA** *nötig?* (+) (−)
2) **GRC** *korrigiert** _____
3) **ARC** *korrigiert** _____
4) **Risikoklasse** _____
5) **ConOps** *erstellt* (+) (−)

Pre-Start-Checkup

- ◯ Mental bereit
- ◯ Abruf NOTAM
- ◯ Genehmigungen
- ◯ Flugverbote (−)
- ◯ Freigabe Tower
- ◯ Akkucheck UAS/RC
- ◯ Flugbereich sicher
- ◯ Polizei/O-Amt Info
- ◯ Kontrollzone (−)
- ◯ _____

Vor Start der Motoren

- ◯ Beleuchtung OK
- ◯ GPS-Signal OK
- ◯ RC-Verbindung OK
- ◯ Flugmodus OK
- ◯ Propeller fest
- ◯ _____

Nach Start der Motoren

- ◯ Schwebeflug OK
- ◯ Flugverkehr (−)
- ◯ Reaktion RC OK
- ◯ Bildsignal OK
- ◯ Störquellen (−)
- ◯ _____

Flugdaten

Flugnummer	Datum** *(TT.MM.JJJJ)*	Uhrzeit** *(hh:mm)*
		:
Steuerer** *(Kürzel)*	System /Gerät**	Flugdauer** *(hh:mm)*
		:
Zweck	Wetter / Wind *(km/h)*	Anzahl Aufstiege**

Aufstiegs- und Einsatzort** *(Adresse / Koordinaten)*

Besonderheiten, Vorkommnisse, Betriebsstörungen**, Notizen

* Unkorrigierte GRC (bzw. ARC) abzüglich Schadensminimierung/ Barrieren
**Pflichtangaben gemäß "Gemeinsame Grundsätze". Die Aufzeichnungen sind 2 Jahre aufzubewahren!

Packliste

- ◯ UAV mit Zubehör
- ◯ Absperrmaterial
- ◯ _____
- ◯ Erste-Hilfe-Kit
- ◯ Feuerlöscher
- ◯ _____
- ◯ Dokumente
- ◯ Weste / Helm
- ◯ _____

SORA

1) **SORA** *nötig?* (+) (-)
2) **GRC** *korrigiert** _____
3) **ARC** *korrigiert** _____
4) **Risikoklasse** _____
5) **ConOps** *erstellt* (+) (-)

Pre-Start-Checkup

- ◯ Mental bereit
- ◯ Abruf NOTAM
- ◯ Genehmigungen
- ◯ Flugverbote (-)
- ◯ Freigabe Tower
- ◯ Akkucheck UAS/RC
- ◯ Flugbereich sicher
- ◯ Polizei/O-Amt Info
- ◯ Kontrollzone (-)
- ◯ _____

Vor Start der Motoren

- ◯ Beleuchtung OK
- ◯ GPS-Signal OK
- ◯ RC-Verbindung OK
- ◯ Flugmodus OK
- ◯ Propeller fest
- ◯ _____

Nach Start der Motoren

- ◯ Schwebeflug OK
- ◯ Flugverkehr (-)
- ◯ Reaktion RC OK
- ◯ Bildsignal OK
- ◯ Störquellen (-)
- ◯ _____

Flugdaten

Flugnummer	Datum** *(TT.MM.JJJJ)*	Uhrzeit** *(hh:mm)*
		:
Steuerer** *(Kürzel)*	**System /Gerät****	**Flugdauer**** *(hh:mm)*
		:
Zweck	**Wetter / Wind** *(km/h)*	**Anzahl Aufstiege****

Aufstiegs- und Einsatzort** *(Adresse / Koordinaten)*

Besonderheiten, Vorkommnisse, Betriebsstörungen**, Notizen

* Unkorrigierte GRC (bzw. ARC) abzüglich Schadensminimierung/ Barrieren
**Pflichtangaben gemäß "Gemeinsame Grundsätze". Die Aufzeichnungen sind 2 Jahre aufzubewahren!

Packliste

- ◯ UAV mit Zubehör
- ◯ Absperrmaterial
- ◯ _____
- ◯ Erste-Hilfe-Kit
- ◯ Feuerlöscher
- ◯ _____
- ◯ Dokumente
- ◯ Weste / Helm
- ◯ _____

SORA   Pre-Start-Checkup

1) **SORA** *nötig?* (+) (−)
2) **GRC** *korrigiert** _____
3) **ARC** *korrigiert** _____
4) **Risikoklasse** _____
5) **ConOps** *erstellt* (+) (−)

- ◯ Mental bereit
- ◯ Abruf NOTAM
- ◯ Genehmigungen
- ◯ Flugverbote (−)
- ◯ Freigabe Tower
- ◯ Akkucheck UAS/RC
- ◯ Flugbereich sicher
- ◯ Polizei/O-Amt Info
- ◯ Kontrollzone (−)
- ◯ _____

Vor Start der Motoren

- ◯ Beleuchtung OK
- ◯ GPS-Signal OK
- ◯ RC-Verbindung OK
- ◯ Flugmodus OK
- ◯ Propeller fest
- ◯ _____

Nach Start der Motoren

- ◯ Schwebeflug OK
- ◯ Flugverkehr (−)
- ◯ Reaktion RC OK
- ◯ Bildsignal OK
- ◯ Störquellen (−)
- ◯ _____

Flugdaten

Flugnummer	Datum** *(TT.MM.JJJJ)*	Uhrzeit** *(hh:mm)*
		:
Steuerer** *(Kürzel)*	**System /Gerät****	**Flugdauer**** *(hh:mm)*
		:
Zweck	**Wetter / Wind** *(km/h)*	**Anzahl Aufstiege****
	☀ ☁ 🌧	

Aufstiegs- und Einsatzort** *(Adresse / Koordinaten)*

Besonderheiten, Vorkommnisse, Betriebsstörungen**, Notizen

* Unkorrigierte GRC (bzw. ARC) abzüglich Schadensminimierung/ Barrieren
**Pflichtangaben gemäß "Gemeinsame Grundsätze". Die Aufzeichnungen sind 2 Jahre aufzubewahren!

Packliste

- ◯ UAV mit Zubehör
- ◯ Absperrmaterial
- ◯ _____
- ◯ Erste-Hilfe-Kit
- ◯ Feuerlöscher
- ◯ _____
- ◯ Dokumente
- ◯ Weste / Helm
- ◯ _____

SORA

1) **SORA** *nötig?* (+) (-)
2) **GRC** *korrigiert** _____
3) **ARC** *korrigiert** _____
4) **Risikoklasse** _____
5) **ConOps** *erstellt* (+) (-)

Pre-Start-Checkup

- ◯ Mental bereit
- ◯ Abruf NOTAM
- ◯ Genehmigungen
- ◯ Flugverbote (-)
- ◯ Freigabe Tower
- ◯ Akkucheck UAS/RC
- ◯ Flugbereich sicher
- ◯ Polizei/O-Amt Info
- ◯ Kontrollzone (-)
- ◯ _____

Vor Start der Motoren

- ◯ Beleuchtung OK
- ◯ GPS-Signal OK
- ◯ RC-Verbindung OK
- ◯ Flugmodus OK
- ◯ Propeller fest
- ◯ _____

Nach Start der Motoren

- ◯ Schwebeflug OK
- ◯ Flugverkehr (-)
- ◯ Reaktion RC OK
- ◯ Bildsignal OK
- ◯ Störquellen (-)
- ◯ _____

Flugdaten

Flugnummer	Datum** *(TT.MM.JJJJ)*	Uhrzeit** *(hh:mm)*
		:
Steuerer** *(Kürzel)*	**System /Gerät****	**Flugdauer**** *(hh:mm)*
		:
Zweck	**Wetter / Wind** *(km/h)*	**Anzahl Aufstiege****
	☀ ☁ 🌧	

Aufstiegs- und Einsatzort** *(Adresse / Koordinaten)*

Besonderheiten, Vorkommnisse, Betriebsstörungen**, Notizen

* Unkorrigierte GRC (bzw. ARC) abzüglich Schadensminimierung/ Barrieren
**Pflichtangaben gemäß "Gemeinsame Grundsätze". Die Aufzeichnungen sind 2 Jahre aufzubewahren!

Packliste

- ○ UAV mit Zubehör
- ○ Absperrmaterial
- ○ _____
- ○ Erste-Hilfe-Kit
- ○ Feuerlöscher
- ○ _____
- ○ Dokumente
- ○ Weste / Helm
- ○ _____

SORA

1) **SORA** *nötig?* (+) (-)
2) **GRC** *korrigiert** _____
3) **ARC** *korrigiert** _____
4) **Risikoklasse** _____
5) **ConOps** *erstellt* (+) (-)

Pre-Start-Checkup

- ○ Mental bereit
- ○ Abruf NOTAM
- ○ Genehmigungen
- ○ Flugverbote (-)
- ○ Freigabe Tower
- ○ Akkucheck UAS/RC
- ○ Flugbereich sicher
- ○ Polizei/O-Amt Info
- ○ Kontrollzone (-)
- ○ _____

Vor Start der Motoren

- ○ Beleuchtung OK
- ○ GPS-Signal OK
- ○ RC-Verbindung OK
- ○ Flugmodus OK
- ○ Propeller fest
- ○ _____

Nach Start der Motoren

- ○ Schwebeflug OK
- ○ Flugverkehr (-)
- ○ Reaktion RC OK
- ○ Bildsignal OK
- ○ Störquellen (-)
- ○ _____

Flugdaten

Flugnummer

Datum** *(TT.MM.JJJJ)*

Uhrzeit** *(hh:mm)*

Steuerer** *(Kürzel)*

System /Gerät**

Flugdauer** *(hh:mm)*

Zweck

Wetter / Wind *(km/h)*

Anzahl Aufstiege**

Aufstiegs- und Einsatzort** *(Adresse / Koordinaten)*

Besonderheiten, Vorkommnisse, Betriebsstörungen**, Notizen

* Unkorrigierte GRC (bzw. ARC) abzüglich Schadensminimierung/ Barrieren
**Pflichtangaben gemäß "Gemeinsame Grundsätze". Die Aufzeichnungen sind 2 Jahre aufzubewahren!

Packliste

- ○ UAV mit Zubehör
- ○ Absperrmaterial
- ○ _____
- ○ Erste-Hilfe-Kit
- ○ Feuerlöscher
- ○ _____
- ○ Dokumente
- ○ Weste / Helm
- ○ _____

SORA

1) **SORA** *nötig?* (+) (-)
2) **GRC** *korrigiert** _____
3) **ARC** *korrigiert** _____
4) **Risikoklasse** _____
5) **ConOps** *erstellt* (+) (-)

Pre-Start-Checkup

- ○ Mental bereit
- ○ Abruf NOTAM
- ○ Genehmigungen
- ○ Flugverbote (-)
- ○ Freigabe Tower
- ○ Akkucheck UAS/RC
- ○ Flugbereich sicher
- ○ Polizei/O-Amt Info
- ○ Kontrollzone (-)
- ○ _____

Vor Start der Motoren

- ○ Beleuchtung OK
- ○ GPS-Signal OK
- ○ RC-Verbindung OK
- ○ Flugmodus OK
- ○ Propeller fest
- ○ _____

Nach Start der Motoren

- ○ Schwebeflug OK
- ○ Flugverkehr (-)
- ○ Reaktion RC OK
- ○ Bildsignal OK
- ○ Störquellen (-)
- ○ _____

Flugdaten

Flugnummer

Datum** *(TT.MM.JJJJ)*

Uhrzeit** *(hh:mm)*

Steuerer** *(Kürzel)*

System /Gerät**

Flugdauer** *(hh:mm)*

Zweck

Wetter / Wind *(km/h)*

Anzahl Aufstiege**

Aufstiegs- und Einsatzort** *(Adresse / Koordinaten)*

Besonderheiten, Vorkommnisse, Betriebsstörungen**, Notizen

* Unkorrigierte GRC (bzw. ARC) abzüglich Schadensminimierung/ Barrieren
**Pflichtangaben gemäß "Gemeinsame Grundsätze". Die Aufzeichnungen sind 2 Jahre aufzubewahren!

Packliste

- ◯ UAV mit Zubehör
- ◯ Absperrmaterial
- ◯ _____
- ◯ Erste-Hilfe-Kit
- ◯ Feuerlöscher
- ◯ _____
- ◯ Dokumente
- ◯ Weste / Helm
- ◯ _____

SORA   Pre-Start-Checkup

1) **SORA** *nötig?* (+) (-)
2) **GRC** *korrigiert** _____
3) **ARC** *korrigiert** _____
4) **Risikoklasse** _____
5) **ConOps** *erstellt* (+) (-)

- ◯ Mental bereit
- ◯ Abruf NOTAM
- ◯ Genehmigungen
- ◯ Flugverbote (-)
- ◯ Freigabe Tower
- ◯ Akkucheck UAS/RC
- ◯ Flugbereich sicher
- ◯ Polizei/O-Amt Info
- ◯ Kontrollzone (-)
- ◯ _____

Vor Start der Motoren

- ◯ Beleuchtung OK
- ◯ GPS-Signal OK
- ◯ RC-Verbindung OK
- ◯ Flugmodus OK
- ◯ Propeller fest
- ◯ _____

Nach Start der Motoren

- ◯ Schwebeflug OK
- ◯ Flugverkehr (-)
- ◯ Reaktion RC OK
- ◯ Bildsignal OK
- ◯ Störquellen (-)
- ◯ _____

Flugdaten

Flugnummer	Datum** *(TT.MM.JJJJ)*	Uhrzeit** *(hh:mm)*
		:
Steuerer** *(Kürzel)*	**System /Gerät****	**Flugdauer**** *(hh:mm)*
		:
Zweck	**Wetter / Wind** *(km/h)*	**Anzahl Aufstiege****
	☀ ☁ 🌧	

Aufstiegs- und Einsatzort** *(Adresse / Koordinaten)*

Besonderheiten, Vorkommnisse, Betriebsstörungen**, Notizen

* Unkorrigierte GRC (bzw. ARC) abzüglich Schadensminimierung/ Barrieren
**Pflichtangaben gemäß "Gemeinsame Grundsätze". Die Aufzeichnungen sind 2 Jahre aufzubewahren!

Packliste

- ◯ UAV mit Zubehör
- ◯ Absperrmaterial
- ◯ _____
- ◯ Erste-Hilfe-Kit
- ◯ Feuerlöscher
- ◯ _____
- ◯ Dokumente
- ◯ Weste / Helm
- ◯ _____

SORA

1) **SORA** *nötig?* (+) (-)
2) **GRC** *korrigiert** _____
3) **ARC** *korrigiert** _____
4) **Risikoklasse** _____
5) **ConOps** *erstellt* (+) (-)

Pre-Start-Checkup

- ◯ Mental bereit
- ◯ Abruf NOTAM
- ◯ Genehmigungen
- ◯ Flugverbote (-)
- ◯ Freigabe Tower
- ◯ Akkucheck UAS/RC
- ◯ Flugbereich sicher
- ◯ Polizei/O-Amt Info
- ◯ Kontrollzone (-)
- ◯ _____

Vor Start der Motoren

- ◯ Beleuchtung OK
- ◯ GPS-Signal OK
- ◯ RC-Verbindung OK
- ◯ Flugmodus OK
- ◯ Propeller fest
- ◯ _____

Nach Start der Motoren

- ◯ Schwebeflug OK
- ◯ Flugverkehr (-)
- ◯ Reaktion RC OK
- ◯ Bildsignal OK
- ◯ Störquellen (-)
- ◯ _____

Flugdaten

Flugnummer	Datum** *(TT.MM.JJJJ)*	Uhrzeit** *(hh:mm)*
		:

Steuerer** *(Kürzel)*	System /Gerät**	Flugdauer** *(hh:mm)*
		:

Zweck	Wetter / Wind *(km/h)*	Anzahl Aufstiege**
	☀ ☁ ☂	

Aufstiegs- und Einsatzort** *(Adresse / Koordinaten)*

Besonderheiten, Vorkomnisse, Betriebsstörungen**, Notizen

* Unkorrigierte GRC (bzw. ARC) abzüglich Schadensminimierung/ Barrieren
**Pflichtangaben gemäß "Gemeinsame Grundsätze". Die Aufzeichnungen sind 2 Jahre aufzubewahren!

Packliste

- ○ UAV mit Zubehör
- ○ Absperrmaterial
- ○ _____
- ○ Erste-Hilfe-Kit
- ○ Feuerlöscher
- ○ _____
- ○ Dokumente
- ○ Weste / Helm
- ○ _____

SORA

1) **SORA** *nötig?* (+) (−)
2) **GRC** *korrigiert** ____
3) **ARC** *korrigiert** ____
4) **Risikoklasse** ____
5) **ConOps** *erstellt* (+) (−)

Pre-Start-Checkup

- ○ Mental bereit
- ○ Abruf NOTAM
- ○ Genehmigungen
- ○ Flugverbote (−)
- ○ Freigabe Tower
- ○ Akkucheck UAS/RC
- ○ Flugbereich sicher
- ○ Polizei/O-Amt Info
- ○ Kontrollzone (−)
- ○ _____

Vor Start der Motoren

- ○ Beleuchtung OK
- ○ GPS-Signal OK
- ○ RC-Verbindung OK
- ○ Flugmodus OK
- ○ Propeller fest
- ○ _____

Nach Start der Motoren

- ○ Schwebeflug OK
- ○ Flugverkehr (−)
- ○ Reaktion RC OK
- ○ Bildsignal OK
- ○ Störquellen (−)
- ○ _____

Flugdaten

Flugnummer

Datum** *(TT.MM.JJJJ)*

Uhrzeit** *(hh:mm)*

Steuerer** *(Kürzel)*

System /Gerät**

Flugdauer** *(hh:mm)*

Zweck

Wetter / Wind *(km/h)*

Anzahl Aufstiege**

Aufstiegs- und Einsatzort** *(Adresse / Koordinaten)*

Besonderheiten, Vorkommnisse, Betriebsstörungen**, **Notizen**

* Unkorrigierte GRC (bzw. ARC) abzüglich Schadensminimierung/ Barrieren
**Pflichtangaben gemäß "Gemeinsame Grundsätze". Die Aufzeichnungen sind 2 Jahre aufzubewahren!

Packliste

- ◯ UAV mit Zubehör
- ◯ Erste-Hilfe-Kit
- ◯ Dokumente
- ◯ Absperrmaterial
- ◯ Feuerlöscher
- ◯ Weste / Helm
- ◯ _____
- ◯ _____
- ◯ _____

SORA

1) **SORA** *nötig?* (+) (-)
2) **GRC** *korrigiert** _____
3) **ARC** *korrigiert** _____
4) **Risikoklasse** _____
5) **ConOps** *erstellt* (+) (-)

Pre-Start-Checkup

- ◯ Mental bereit
- ◯ Akkucheck UAS/RC
- ◯ Abruf NOTAM
- ◯ Flugbereich sicher
- ◯ Genehmigungen
- ◯ Polizei/O-Amt Info
- ◯ Flugverbote (-)
- ◯ Kontrollzone (-)
- ◯ Freigabe Tower
- ◯ _____

Vor Start der Motoren

- ◯ Beleuchtung OK
- ◯ RC-Verbindung OK
- ◯ Propeller fest
- ◯ GPS-Signal OK
- ◯ Flugmodus OK
- ◯ _____

Nach Start der Motoren

- ◯ Schwebeflug OK
- ◯ Reaktion RC OK
- ◯ Störquellen (-)
- ◯ Flugverkehr (-)
- ◯ Bildsignal OK
- ◯ _____

Flugdaten

Flugnummer	Datum** *(TT.MM.JJJJ)*	Uhrzeit** *(hh:mm)*
		:

Steuerer** *(Kürzel)*	System /Gerät**	Flugdauer** *(hh:mm)*
		:

Zweck	Wetter / Wind *(km/h)*	Anzahl Aufstiege**

Aufstiegs- und Einsatzort** *(Adresse / Koordinaten)*

Besonderheiten, Vorkomnisse, Betriebsstörungen**, Notizen

* Unkorrigierte GRC (bzw. ARC) abzüglich Schadensminimierung/ Barrieren
**Pflichtangaben gemäß "Gemeinsame Grundsätze". Die Aufzeichnungen sind 2 Jahre aufzubewahren!

Packliste

- ◯ UAV mit Zubehör
- ◯ Absperrmaterial
- ◯ _____
- ◯ Erste-Hilfe-Kit
- ◯ Feuerlöscher
- ◯ _____
- ◯ Dokumente
- ◯ Weste / Helm
- ◯ _____

SORA

1) **SORA** *nötig?* (+) (−)
2) **GRC** *korrigiert** _____
3) **ARC** *korrigiert** _____
4) **Risikoklasse** _____
5) **ConOps** *erstellt* (+) (−)

Pre-Start-Checkup

- ◯ Mental bereit
- ◯ Abruf NOTAM
- ◯ Genehmigungen
- ◯ Flugverbote (−)
- ◯ Freigabe Tower
- ◯ Akkucheck UAS/RC
- ◯ Flugbereich sicher
- ◯ Polizei/O-Amt Info
- ◯ Kontrollzone (−)
- ◯ _____

Vor Start der Motoren

- ◯ Beleuchtung OK
- ◯ GPS-Signal OK
- ◯ RC-Verbindung OK
- ◯ Flugmodus OK
- ◯ Propeller fest
- ◯ _____

Nach Start der Motoren

- ◯ Schwebeflug OK
- ◯ Flugverkehr (−)
- ◯ Reaktion RC OK
- ◯ Bildsignal OK
- ◯ Störquellen (−)
- ◯ _____

Flugdaten

Flugnummer	Datum** *(TT.MM.JJJJ)*	Uhrzeit** *(hh:mm)*
		:
Steuerer** *(Kürzel)*	**System /Gerät****	**Flugdauer**** *(hh:mm)*
		:
Zweck	**Wetter / Wind** *(km/h)*	**Anzahl Aufstiege****
	☀ ☁ 🌧	

Aufstiegs- und Einsatzort** *(Adresse / Koordinaten)*

Besonderheiten, Vorkomnisse, Betriebsstörungen**, Notizen

* Unkorrigierte GRC (bzw. ARC) abzüglich Schadensminimierung/ Barrieren
**Pflichtangaben gemäß "Gemeinsame Grundsätze". Die Aufzeichnungen sind 2 Jahre aufzubewahren!

Packliste

- ⬭ UAV mit Zubehör
- ⬭ Erste-Hilfe-Kit
- ⬭ Dokumente
- ⬭ Absperrmaterial
- ⬭ Feuerlöscher
- ⬭ Weste / Helm
- ⬭ _____
- ⬭ _____
- ⬭ _____

SORA

1) **SORA** *nötig?* (+) (-)
2) **GRC** *korrigiert** _____
3) **ARC** *korrigiert** _____
4) **Risikoklasse** _____
5) **ConOps** *erstellt* (+) (-)

Pre-Start-Checkup

- ⬭ Mental bereit
- ⬭ Akkucheck UAS/RC
- ⬭ Abruf NOTAM
- ⬭ Flugbereich sicher
- ⬭ Genehmigungen
- ⬭ Polizei/O-Amt Info
- ⬭ Flugverbote (-)
- ⬭ Kontrollzone (-)
- ⬭ Freigabe Tower
- ⬭ _____

Vor Start der Motoren

- ⬭ Beleuchtung OK
- ⬭ RC-Verbindung OK
- ⬭ Propeller fest
- ⬭ GPS-Signal OK
- ⬭ Flugmodus OK
- ⬭ _____

Nach Start der Motoren

- ⬭ Schwebeflug OK
- ⬭ Reaktion RC OK
- ⬭ Störquellen (-)
- ⬭ Flugverkehr (-)
- ⬭ Bildsignal OK
- ⬭ _____

Flugdaten

Flugnummer

Datum** *(TT.MM.JJJJ)*

Uhrzeit** *(hh:mm)*

Steuerer** *(Kürzel)*

System /Gerät**

Flugdauer** *(hh:mm)*

Zweck

Wetter / Wind *(km/h)*

Anzahl Aufstiege**

Aufstiegs- und Einsatzort** *(Adresse / Koordinaten)*

Besonderheiten, Vorkomnisse, Betriebsstörungen**, **Notizen**

* Unkorrigierte GRC (bzw. ARC) abzüglich Schadensminimierung/ Barrieren
**Pflichtangaben gemäß "Gemeinsame Grundsätze". Die Aufzeichnungen sind 2 Jahre aufzubewahren!

Packliste

- ◯ UAV mit Zubehör
- ◯ Absperrmaterial
- ◯ _____
- ◯ Erste-Hilfe-Kit
- ◯ Feuerlöscher
- ◯ _____
- ◯ Dokumente
- ◯ Weste / Helm
- ◯ _____

SORA   Pre-Start-Checkup

1) **SORA** *nötig?* (+) (−)
2) **GRC** *korrigiert** ____
3) **ARC** *korrigiert** ____
4) **Risikoklasse** ____
5) **ConOps** *erstellt* (+) (−)

- ◯ Mental bereit
- ◯ Abruf NOTAM
- ◯ Genehmigungen
- ◯ Flugverbote (−)
- ◯ Freigabe Tower
- ◯ Akkucheck UAS/RC
- ◯ Flugbereich sicher
- ◯ Polizei/O-Amt Info
- ◯ Kontrollzone (−)
- ◯ _____

Vor Start der Motoren

- ◯ Beleuchtung OK
- ◯ GPS-Signal OK
- ◯ RC-Verbindung OK
- ◯ Flugmodus OK
- ◯ Propeller fest
- ◯ _____

Nach Start der Motoren

- ◯ Schwebeflug OK
- ◯ Flugverkehr (−)
- ◯ Reaktion RC OK
- ◯ Bildsignal OK
- ◯ Störquellen (−)
- ◯ _____

Flugdaten

Flugnummer	Datum** *(TT.MM.JJJJ)*	Uhrzeit** *(hh:mm)*
		:

Steuerer** *(Kürzel)*	System /Gerät**	Flugdauer** *(hh:mm)*
		:

Zweck	Wetter / Wind *(km/h)*	Anzahl Aufstiege**

Aufstiegs- und Einsatzort** *(Adresse / Koordinaten)*

Besonderheiten, Vorkommnisse, Betriebsstörungen**, Notizen

* Unkorrigierte GRC (bzw. ARC) abzüglich Schadensminimierung/ Barrieren
**Pflichtangaben gemäß "Gemeinsame Grundsätze". Die Aufzeichnungen sind 2 Jahre aufzubewahren!

Packliste

- ◯ UAV mit Zubehör
- ◯ Erste-Hilfe-Kit
- ◯ Dokumente
- ◯ Absperrmaterial
- ◯ Feuerlöscher
- ◯ Weste / Helm
- ◯ _____
- ◯ _____
- ◯ _____

SORA

1) **SORA** *nötig?* (+) (-)
2) **GRC** *korrigiert** _____
3) **ARC** *korrigiert** _____
4) **Risikoklasse** _____
5) **ConOps** *erstellt* (+) (-)

Pre-Start-Checkup

- ◯ Mental bereit
- ◯ Akkucheck UAS/RC
- ◯ Abruf NOTAM
- ◯ Flugbereich sicher
- ◯ Genehmigungen
- ◯ Polizei/O-Amt Info
- ◯ Flugverbote (-)
- ◯ Kontrollzone (-)
- ◯ Freigabe Tower
- ◯ _____

Vor Start der Motoren

- ◯ Beleuchtung OK
- ◯ RC-Verbindung OK
- ◯ Propeller fest
- ◯ GPS-Signal OK
- ◯ Flugmodus OK
- ◯ _____

Nach Start der Motoren

- ◯ Schwebeflug OK
- ◯ Reaktion RC OK
- ◯ Störquellen (-)
- ◯ Flugverkehr (-)
- ◯ Bildsignal OK
- ◯ _____

Flugdaten

Flugnummer

Datum** *(TT.MM.JJJJ)*

Uhrzeit** *(hh:mm)*

Steuerer** *(Kürzel)*

System /Gerät**

Flugdauer** *(hh:mm)*

Zweck

Wetter / Wind *(km/h)*

Anzahl Aufstiege**

Aufstiegs- und Einsatzort** *(Adresse / Koordinaten)*

Besonderheiten, Vorkomnisse, Betriebsstörungen**, Notizen

* Unkorrigierte GRC (bzw. ARC) abzüglich Schadensminimierung/ Barrieren
**Pflichtangaben gemäß "Gemeinsame Grundsätze". Die Aufzeichnungen sind 2 Jahre aufzubewahren!

Packliste

- ◯ UAV mit Zubehör
- ◯ Absperrmaterial
- ◯ _____
- ◯ Erste-Hilfe-Kit
- ◯ Feuerlöscher
- ◯ _____
- ◯ Dokumente
- ◯ Weste / Helm
- ◯ _____

SORA

1) **SORA** *nötig?* (+) (-)
2) **GRC** *korrigiert** _____
3) **ARC** *korrigiert** _____
4) **Risikoklasse** _____
5) **ConOps** *erstellt* (+) (-)

Pre-Start-Checkup

- ◯ Mental bereit
- ◯ Abruf NOTAM
- ◯ Genehmigungen
- ◯ Flugverbote (-)
- ◯ Freigabe Tower
- ◯ Akkucheck UAS/RC
- ◯ Flugbereich sicher
- ◯ Polizei/O-Amt Info
- ◯ Kontrollzone (-)
- ◯ _____

Vor Start der Motoren

- ◯ Beleuchtung OK
- ◯ GPS-Signal OK
- ◯ RC-Verbindung OK
- ◯ Flugmodus OK
- ◯ Propeller fest
- ◯ _____

Nach Start der Motoren

- ◯ Schwebeflug OK
- ◯ Flugverkehr (-)
- ◯ Reaktion RC OK
- ◯ Bildsignal OK
- ◯ Störquellen (-)
- ◯ _____

Flugdaten

Flugnummer	Datum** *(TT.MM.JJJJ)*	Uhrzeit** *(hh:mm)*
		:
Steuerer** *(Kürzel)*	**System /Gerät****	**Flugdauer**** *(hh:mm)*
		:
Zweck	**Wetter / Wind** *(km/h)*	**Anzahl Aufstiege****
	☀ ☁ 🌧	

Aufstiegs- und Einsatzort** *(Adresse / Koordinaten)*

Besonderheiten, Vorkommnisse, Betriebsstörungen**, Notizen

* Unkorrigierte GRC (bzw. ARC) abzüglich Schadensminimierung/ Barrieren
**Pflichtangaben gemäß "Gemeinsame Grundsätze". Die Aufzeichnungen sind 2 Jahre aufzubewahren!

Packliste

- ◯ UAV mit Zubehör
- ◯ Absperrmaterial
- ◯ _____
- ◯ Erste-Hilfe-Kit
- ◯ Feuerlöscher
- ◯ _____
- ◯ Dokumente
- ◯ Weste / Helm
- ◯ _____

SORA   Pre-Start-Checkup

1) **SORA** *nötig?* (+) (-)
2) **GRC** *korrigiert** _____
3) **ARC** *korrigiert** _____
4) **Risikoklasse** _____
5) **ConOps** *erstellt* (+) (-)

- ◯ Mental bereit
- ◯ Abruf NOTAM
- ◯ Genehmigungen
- ◯ Flugverbote (-)
- ◯ Freigabe Tower
- ◯ Akkucheck UAS/RC
- ◯ Flugbereich sicher
- ◯ Polizei/O-Amt Info
- ◯ Kontrollzone (-)
- ◯ _____

Vor Start der Motoren

- ◯ Beleuchtung OK
- ◯ GPS-Signal OK
- ◯ RC-Verbindung OK
- ◯ Flugmodus OK
- ◯ Propeller fest
- ◯ _____

Nach Start der Motoren

- ◯ Schwebeflug OK
- ◯ Flugverkehr (-)
- ◯ Reaktion RC OK
- ◯ Bildsignal OK
- ◯ Störquellen (-)
- ◯ _____

Flugdaten

Flugnummer	Datum** *(TT.MM.JJJJ)*	Uhrzeit** *(hh:mm)*
		:
Steuerer** *(Kürzel)*	System /Gerät**	Flugdauer** *(hh:mm)*
		:
Zweck	Wetter / Wind *(km/h)*	Anzahl Aufstiege**

Aufstiegs- und Einsatzort** *(Adresse / Koordinaten)*

Besonderheiten, Vorkomnisse, Betriebsstörungen**, Notizen

* Unkorrigierte GRC (bzw. ARC) abzüglich Schadensminimierung/ Barrieren
**Pflichtangaben gemäß "Gemeinsame Grundsätze". Die Aufzeichnungen sind 2 Jahre aufzubewahren!

Packliste

- ◯ UAV mit Zubehör
- ◯ Absperrmaterial
- ◯ _____
- ◯ Erste-Hilfe-Kit
- ◯ Feuerlöscher
- ◯ _____
- ◯ Dokumente
- ◯ Weste / Helm
- ◯ _____

SORA   Pre-Start-Checkup

1) **SORA** *nötig?* (+) (−)
2) **GRC** *korrigiert** _____
3) **ARC** *korrigiert** _____
4) **Risikoklasse** _____
5) **ConOps** *erstellt* (+) (−)

- ◯ Mental bereit
- ◯ Abruf NOTAM
- ◯ Genehmigungen
- ◯ Flugverbote (−)
- ◯ Freigabe Tower
- ◯ Akkucheck UAS/RC
- ◯ Flugbereich sicher
- ◯ Polizei/O-Amt Info
- ◯ Kontrollzone (−)
- ◯ _____

Vor Start der Motoren

- ◯ Beleuchtung OK
- ◯ GPS-Signal OK
- ◯ RC-Verbindung OK
- ◯ Flugmodus OK
- ◯ Propeller fest
- ◯ _____

Nach Start der Motoren

- ◯ Schwebeflug OK
- ◯ Flugverkehr (−)
- ◯ Reaktion RC OK
- ◯ Bildsignal OK
- ◯ Störquellen (−)
- ◯ _____

Flugdaten

Flugnummer	Datum** *(TT.MM.JJJJ)*	Uhrzeit** *(hh:mm)*
		:
Steuerer** *(Kürzel)*	System /Gerät**	Flugdauer** *(hh:mm)*
		:
Zweck	Wetter / Wind *(km/h)*	Anzahl Aufstiege**

Aufstiegs- und Einsatzort** *(Adresse / Koordinaten)*

Besonderheiten, Vorkomnisse, Betriebsstörungen**, Notizen

* Unkorrigierte GRC (bzw. ARC) abzüglich Schadensminimierung/ Barrieren
**Pflichtangaben gemäß "Gemeinsame Grundsätze". Die Aufzeichnungen sind 2 Jahre aufzubewahren!

Packliste

- ◯ UAV mit Zubehör
- ◯ Erste-Hilfe-Kit
- ◯ Dokumente
- ◯ Absperrmaterial
- ◯ Feuerlöscher
- ◯ Weste / Helm
- ◯ _____
- ◯ _____
- ◯ _____

SORA

1) **SORA** *nötig?* (+) (-)
2) **GRC** *korrigiert** _____
3) **ARC** *korrigiert** _____
4) **Risikoklasse** _____
5) **ConOps** *erstellt* (+) (-)

Pre-Start-Checkup

- ◯ Mental bereit
- ◯ Akkucheck UAS/RC
- ◯ Abruf NOTAM
- ◯ Flugbereich sicher
- ◯ Genehmigungen
- ◯ Polizei/O-Amt Info
- ◯ Flugverbote (-)
- ◯ Kontrollzone (-)
- ◯ Freigabe Tower
- ◯ _____

Vor Start der Motoren

- ◯ Beleuchtung OK
- ◯ RC-Verbindung OK
- ◯ Propeller fest
- ◯ GPS-Signal OK
- ◯ Flugmodus OK
- ◯ _____

Nach Start der Motoren

- ◯ Schwebeflug OK
- ◯ Reaktion RC OK
- ◯ Störquellen (-)
- ◯ Flugverkehr (-)
- ◯ Bildsignal OK
- ◯ _____

Flugdaten

Flugnummer

Datum** *(TT.MM.JJJJ)*

Uhrzeit** *(hh:mm)*

Steuerer** *(Kürzel)*

System /Gerät**

Flugdauer** *(hh:mm)*

Zweck

Wetter / Wind *(km/h)*

Anzahl Aufstiege**

Aufstiegs- und Einsatzort** *(Adresse / Koordinaten)*

Besonderheiten, Vorkomnisse, Betriebsstörungen**, Notizen

* Unkorrigierte GRC (bzw. ARC) abzüglich Schadensminimierung/ Barrieren
**Pflichtangaben gemäß "Gemeinsame Grundsätze". Die Aufzeichnungen sind 2 Jahre aufzubewahren!

Packliste

- ◯ UAV mit Zubehör
- ◯ Absperrmaterial
- ◯ _____
- ◯ Erste-Hilfe-Kit
- ◯ Feuerlöscher
- ◯ _____
- ◯ Dokumente
- ◯ Weste / Helm
- ◯ _____

SORA   Pre-Start-Checkup

1) **SORA** *nötig?* (+) (-)
2) **GRC** *korrigiert** _____
3) **ARC** *korrigiert** _____
4) **Risikoklasse** _____
5) **ConOps** *erstellt* (+) (-)

- ◯ Mental bereit
- ◯ Abruf NOTAM
- ◯ Genehmigungen
- ◯ Flugverbote (-)
- ◯ Freigabe Tower
- ◯ Akkucheck UAS/RC
- ◯ Flugbereich sicher
- ◯ Polizei/O-Amt Info
- ◯ Kontrollzone (-)
- ◯ _____

Vor Start der Motoren

- ◯ Beleuchtung OK
- ◯ GPS-Signal OK
- ◯ RC-Verbindung OK
- ◯ Flugmodus OK
- ◯ Propeller fest
- ◯ _____

Nach Start der Motoren

- ◯ Schwebeflug OK
- ◯ Flugverkehr (-)
- ◯ Reaktion RC OK
- ◯ Bildsignal OK
- ◯ Störquellen (-)
- ◯ _____

Flugdaten

Flugnummer

Datum** *(TT.MM.JJJJ)*

Uhrzeit** *(hh:mm)*
:

Steuerer** *(Kürzel)*

System /Gerät**

Flugdauer** *(hh:mm)*
:

Zweck

Wetter / Wind *(km/h)*

Anzahl Aufstiege**

Aufstiegs- und Einsatzort** *(Adresse / Koordinaten)*

Besonderheiten, Vorkommnisse, Betriebsstörungen**, Notizen

* Unkorrigierte GRC (bzw. ARC) abzüglich Schadensminimierung/ Barrieren
**Pflichtangaben gemäß "Gemeinsame Grundsätze". Die Aufzeichnungen sind 2 Jahre aufzubewahren!

Packliste

- ◯ UAV mit Zubehör
- ◯ Erste-Hilfe-Kit
- ◯ Dokumente
- ◯ Absperrmaterial
- ◯ Feuerlöscher
- ◯ Weste / Helm
- ◯ _____
- ◯ _____
- ◯ _____

SORA

1) **SORA** *nötig?* (+) (-)
2) **GRC** *korrigiert** _____
3) **ARC** *korrigiert** _____
4) **Risikoklasse** _____
5) **ConOps** *erstellt* (+) (-)

Pre-Start-Checkup

- ◯ Mental bereit
- ◯ Akkucheck UAS/RC
- ◯ Abruf NOTAM
- ◯ Flugbereich sicher
- ◯ Genehmigungen
- ◯ Polizei/O-Amt Info
- ◯ Flugverbote (-)
- ◯ Kontrollzone (-)
- ◯ Freigabe Tower
- ◯ _____

Vor Start der Motoren

- ◯ Beleuchtung OK
- ◯ RC-Verbindung OK
- ◯ Propeller fest
- ◯ GPS-Signal OK
- ◯ Flugmodus OK
- ◯ _____

Nach Start der Motoren

- ◯ Schwebeflug OK
- ◯ Reaktion RC OK
- ◯ Störquellen (-)
- ◯ Flugverkehr (-)
- ◯ Bildsignal OK
- ◯ _____

Flugdaten

Flugnummer	Datum** *(TT.MM.JJJJ)*	Uhrzeit** *(hh:mm)*
		:

Steuerer** *(Kürzel)*	System /Gerät**	Flugdauer** *(hh:mm)*
		:

Zweck	Wetter / Wind *(km/h)*	Anzahl Aufstiege**
	☀️ ☁️ 🌧️	

Aufstiegs- und Einsatzort** *(Adresse / Koordinaten)*

Besonderheiten, Vorkommnisse, Betriebsstörungen**, Notizen

* Unkorrigierte GRC (bzw. ARC) abzüglich Schadensminimierung/ Barrieren
**Pflichtangaben gemäß "Gemeinsame Grundsätze". Die Aufzeichnungen sind 2 Jahre aufzubewahren!

Packliste

- ◯ UAV mit Zubehör
- ◯ Absperrmaterial
- ◯ _____
- ◯ Erste-Hilfe-Kit
- ◯ Feuerlöscher
- ◯ _____
- ◯ Dokumente
- ◯ Weste / Helm
- ◯ _____

SORA

1) **SORA** *nötig?* (+) (−)
2) **GRC** *korrigiert** _____
3) **ARC** *korrigiert** _____
4) **Risikoklasse** _____
5) **ConOps** *erstellt* (+) (−)

Pre-Start-Checkup

- ◯ Mental bereit
- ◯ Abruf NOTAM
- ◯ Genehmigungen
- ◯ Flugverbote (−)
- ◯ Freigabe Tower
- ◯ Akkucheck UAS/RC
- ◯ Flugbereich sicher
- ◯ Polizei/O-Amt Info
- ◯ Kontrollzone (−)
- ◯ _____

Vor Start der Motoren

- ◯ Beleuchtung OK
- ◯ GPS-Signal OK
- ◯ RC-Verbindung OK
- ◯ Flugmodus OK
- ◯ Propeller fest
- ◯ _____

Nach Start der Motoren

- ◯ Schwebeflug OK
- ◯ Flugverkehr (−)
- ◯ Reaktion RC OK
- ◯ Bildsignal OK
- ◯ Störquellen (−)
- ◯ _____

Flugdaten

Flugnummer	Datum** *(TT.MM.JJJJ)*	Uhrzeit** *(hh:mm)*
		:
Steuerer** *(Kürzel)*	**System /Gerät****	**Flugdauer**** *(hh:mm)*
		:
Zweck	**Wetter / Wind** *(km/h)*	**Anzahl Aufstiege****

Aufstiegs- und Einsatzort** *(Adresse / Koordinaten)*

Besonderheiten, Vorkommnisse, Betriebsstörungen**, **Notizen**

* Unkorrigierte GRC (bzw. ARC) abzüglich Schadensminimierung/ Barrieren
**Pflichtangaben gemäß "Gemeinsame Grundsätze". Die Aufzeichnungen sind 2 Jahre aufzubewahren!

Packliste

- ◯ UAV mit Zubehör
- ◯ Absperrmaterial
- ◯ _____
- ◯ Erste-Hilfe-Kit
- ◯ Feuerlöscher
- ◯ _____
- ◯ Dokumente
- ◯ Weste / Helm
- ◯ _____

SORA

1) **SORA** *nötig?* (+) (-)
2) **GRC** *korrigiert** _____
3) **ARC** *korrigiert** _____
4) **Risikoklasse** _____
5) **ConOps** *erstellt* (+) (-)

Pre-Start-Checkup

- ◯ Mental bereit
- ◯ Abruf NOTAM
- ◯ Genehmigungen
- ◯ Flugverbote (-)
- ◯ Freigabe Tower
- ◯ Akkucheck UAS/RC
- ◯ Flugbereich sicher
- ◯ Polizei/O-Amt Info
- ◯ Kontrollzone (-)
- ◯ _____

Vor Start der Motoren

- ◯ Beleuchtung OK
- ◯ GPS-Signal OK
- ◯ RC-Verbindung OK
- ◯ Flugmodus OK
- ◯ Propeller fest
- ◯ _____

Nach Start der Motoren

- ◯ Schwebeflug OK
- ◯ Flugverkehr (-)
- ◯ Reaktion RC OK
- ◯ Bildsignal OK
- ◯ Störquellen (-)
- ◯ _____

Flugdaten

Flugnummer

Datum** *(TT.MM.JJJJ)*

Uhrzeit** *(hh:mm)*

Steuerer** *(Kürzel)*

System /Gerät**

Flugdauer** *(hh:mm)*

Zweck

Wetter / Wind *(km/h)*

Anzahl Aufstiege**

Aufstiegs- und Einsatzort** *(Adresse / Koordinaten)*

Besonderheiten, Vorkommnisse, Betriebsstörungen**, Notizen

* Unkorrigierte GRC (bzw. ARC) abzüglich Schadensminimierung/ Barrieren
**Pflichtangaben gemäß "Gemeinsame Grundsätze". Die Aufzeichnungen sind 2 Jahre aufzubewahren!

Packliste

- ◯ UAV mit Zubehör
- ◯ Absperrmaterial
- ◯ _____
- ◯ Erste-Hilfe-Kit
- ◯ Feuerlöscher
- ◯ _____
- ◯ Dokumente
- ◯ Weste / Helm
- ◯ _____

SORA

1) **SORA** *nötig?* (+) (−)
2) **GRC** *korrigiert** _____
3) **ARC** *korrigiert** _____
4) **Risikoklasse** _____
5) **ConOps** *erstellt* (+) (−)

Pre-Start-Checkup

- ◯ Mental bereit
- ◯ Abruf NOTAM
- ◯ Genehmigungen
- ◯ Flugverbote (−)
- ◯ Freigabe Tower
- ◯ Akkucheck UAS/RC
- ◯ Flugbereich sicher
- ◯ Polizei/O-Amt Info
- ◯ Kontrollzone (−)
- ◯ _____

Vor Start der Motoren

- ◯ Beleuchtung OK
- ◯ GPS-Signal OK
- ◯ RC-Verbindung OK
- ◯ Flugmodus OK
- ◯ Propeller fest
- ◯ _____

Nach Start der Motoren

- ◯ Schwebeflug OK
- ◯ Flugverkehr (−)
- ◯ Reaktion RC OK
- ◯ Bildsignal OK
- ◯ Störquellen (−)
- ◯ _____

Flugdaten

Flugnummer	Datum** *(TT.MM.JJJJ)*	Uhrzeit** *(hh:mm)*
		:
Steuerer** *(Kürzel)*	**System /Gerät****	**Flugdauer**** *(hh:mm)*
		:
Zweck	**Wetter / Wind** *(km/h)*	**Anzahl Aufstiege****
	☀ ☁ 🌧	

Aufstiegs- und Einsatzort** *(Adresse / Koordinaten)*

Besonderheiten, Vorkommnisse, Betriebsstörungen**, Notizen

* Unkorrigierte GRC (bzw. ARC) abzüglich Schadensminimierung/ Barrieren
**Pflichtangaben gemäß "Gemeinsame Grundsätze". Die Aufzeichnungen sind 2 Jahre aufzubewahren!

Packliste

- ◯ UAV mit Zubehör
- ◯ Absperrmaterial
- ◯ _____
- ◯ Erste-Hilfe-Kit
- ◯ Feuerlöscher
- ◯ _____
- ◯ Dokumente
- ◯ Weste / Helm
- ◯ _____

SORA

1) **SORA** *nötig?* (+) (-)
2) **GRC** *korrigiert** _____
3) **ARC** *korrigiert** _____
4) **Risikoklasse** _____
5) **ConOps** *erstellt* (+) (-)

Pre-Start-Checkup

- ◯ Mental bereit
- ◯ Abruf NOTAM
- ◯ Genehmigungen
- ◯ Flugverbote (-)
- ◯ Freigabe Tower
- ◯ Akkucheck UAS/RC
- ◯ Flugbereich sicher
- ◯ Polizei/O-Amt Info
- ◯ Kontrollzone (-)
- ◯ _____

Vor Start der Motoren

- ◯ Beleuchtung OK
- ◯ GPS-Signal OK
- ◯ RC-Verbindung OK
- ◯ Flugmodus OK
- ◯ Propeller fest
- ◯ _____

Nach Start der Motoren

- ◯ Schwebeflug OK
- ◯ Flugverkehr (-)
- ◯ Reaktion RC OK
- ◯ Bildsignal OK
- ◯ Störquellen (-)
- ◯ _____

Flugdaten

Flugnummer

Datum** *(TT.MM.JJJJ)*

Uhrzeit** *(hh:mm)* :

Steuerer** *(Kürzel)*

System /Gerät**

Flugdauer** *(hh:mm)* :

Zweck

Wetter / Wind *(km/h)*

Anzahl Aufstiege**

Aufstiegs- und Einsatzort** *(Adresse / Koordinaten)*

Besonderheiten, Vorkomnisse, Betriebsstörungen**, Notizen

* Unkorrigierte GRC (bzw. ARC) abzüglich Schadensminimierung/ Barrieren
**Pflichtangaben gemäß "Gemeinsame Grundsätze". Die Aufzeichnungen sind 2 Jahre aufzubewahren!

Packliste

- ◯ UAV mit Zubehör
- ◯ Absperrmaterial
- ◯ _____
- ◯ Erste-Hilfe-Kit
- ◯ Feuerlöscher
- ◯ _____
- ◯ Dokumente
- ◯ Weste / Helm
- ◯ _____

SORA

1) **SORA** *nötig?* (+) (-)
2) **GRC** *korrigiert** _____
3) **ARC** *korrigiert** _____
4) **Risikoklasse** _____
5) **ConOps** *erstellt* (+) (-)

Pre-Start-Checkup

- ◯ Mental bereit
- ◯ Abruf NOTAM
- ◯ Genehmigungen
- ◯ Flugverbote (-)
- ◯ Freigabe Tower
- ◯ Akkucheck UAS/RC
- ◯ Flugbereich sicher
- ◯ Polizei/O-Amt Info
- ◯ Kontrollzone (-)
- ◯ _____

Vor Start der Motoren

- ◯ Beleuchtung OK
- ◯ GPS-Signal OK
- ◯ RC-Verbindung OK
- ◯ Flugmodus OK
- ◯ Propeller fest
- ◯ _____

Nach Start der Motoren

- ◯ Schwebeflug OK
- ◯ Flugverkehr (-)
- ◯ Reaktion RC OK
- ◯ Bildsignal OK
- ◯ Störquellen (-)
- ◯ _____

Flugdaten

Flugnummer	Datum** *(TT.MM.JJJJ)*	Uhrzeit** *(hh:mm)*
		:

Steuerer** *(Kürzel)*	System /Gerät**	Flugdauer** *(hh:mm)*
		:

Zweck	Wetter / Wind *(km/h)*	Anzahl Aufstiege**

Aufstiegs- und Einsatzort** *(Adresse / Koordinaten)*

Besonderheiten, Vorkommnisse, Betriebsstörungen**, Notizen

* Unkorrigierte GRC (bzw. ARC) abzüglich Schadensminimierung/ Barrieren
**Pflichtangaben gemäß "Gemeinsame Grundsätze". Die Aufzeichnungen sind 2 Jahre aufzubewahren!

Packliste

- ◯ UAV mit Zubehör
- ◯ Erste-Hilfe-Kit
- ◯ Dokumente
- ◯ Absperrmaterial
- ◯ Feuerlöscher
- ◯ Weste / Helm
- ◯ _____
- ◯ _____
- ◯ _____

SORA

1) **SORA** *nötig?* (+) (-)
2) **GRC** *korrigiert** _____
3) **ARC** *korrigiert** _____
4) **Risikoklasse** _____
5) **ConOps** *erstellt* (+) (-)

Pre-Start-Checkup

- ◯ Mental bereit
- ◯ Akkucheck UAS/RC
- ◯ Abruf NOTAM
- ◯ Flugbereich sicher
- ◯ Genehmigungen
- ◯ Polizei/O-Amt Info
- ◯ Flugverbote (-)
- ◯ Kontrollzone (-)
- ◯ Freigabe Tower
- ◯ _____

Vor Start der Motoren

- ◯ Beleuchtung OK
- ◯ RC-Verbindung OK
- ◯ Propeller fest
- ◯ GPS-Signal OK
- ◯ Flugmodus OK
- ◯ _____

Nach Start der Motoren

- ◯ Schwebeflug OK
- ◯ Reaktion RC OK
- ◯ Störquellen (-)
- ◯ Flugverkehr (-)
- ◯ Bildsignal OK
- ◯ _____

Flugdaten

Flugnummer	Datum** *(TT.MM.JJJJ)*	Uhrzeit** *(hh:mm)*
		:

Steuerer** *(Kürzel)*	System /Gerät**	Flugdauer** *(hh:mm)*
		:

Zweck	Wetter / Wind *(km/h)*	Anzahl Aufstiege**
	☀ ☁ 🌧	

Aufstiegs- und Einsatzort** *(Adresse / Koordinaten)*

Besonderheiten, Vorkommnisse, Betriebsstörungen**, Notizen

* Unkorrigierte GRC (bzw. ARC) abzüglich Schadensminimierung/ Barrieren
**Pflichtangaben gemäß "Gemeinsame Grundsätze". Die Aufzeichnungen sind 2 Jahre aufzubewahren!

Packliste

- ◯ UAV mit Zubehör
- ◯ Absperrmaterial
- ◯ _____
- ◯ Erste-Hilfe-Kit
- ◯ Feuerlöscher
- ◯ _____
- ◯ Dokumente
- ◯ Weste / Helm
- ◯ _____

SORA

1) **SORA** *nötig?* (+) (−)
2) **GRC** *korrigiert** _____
3) **ARC** *korrigiert** _____
4) **Risikoklasse** _____
5) **ConOps** *erstellt* (+) (−)

Pre-Start-Checkup

- ◯ Mental bereit
- ◯ Abruf NOTAM
- ◯ Genehmigungen
- ◯ Flugverbote (−)
- ◯ Freigabe Tower
- ◯ Akkucheck UAS/RC
- ◯ Flugbereich sicher
- ◯ Polizei/O-Amt Info
- ◯ Kontrollzone (−)
- ◯ _____

Vor Start der Motoren

- ◯ Beleuchtung OK
- ◯ GPS-Signal OK
- ◯ RC-Verbindung OK
- ◯ Flugmodus OK
- ◯ Propeller fest
- ◯ _____

Nach Start der Motoren

- ◯ Schwebeflug OK
- ◯ Flugverkehr (−)
- ◯ Reaktion RC OK
- ◯ Bildsignal OK
- ◯ Störquellen (−)
- ◯ _____

Flugdaten

Flugnummer

Datum** *(TT.MM.JJJJ)*

Uhrzeit** *(hh:mm)*

Steuerer** *(Kürzel)*

System /Gerät**

Flugdauer** *(hh:mm)*

Zweck

Wetter / Wind *(km/h)*

Anzahl Aufstiege**

Aufstiegs- und Einsatzort** *(Adresse / Koordinaten)*

Besonderheiten, Vorkommnisse, Betriebsstörungen**, Notizen

* Unkorrigierte GRC (bzw. ARC) abzüglich Schadensminimierung/ Barrieren
**Pflichtangaben gemäß "Gemeinsame Grundsätze". Die Aufzeichnungen sind 2 Jahre aufzubewahren!

Packliste

- ◯ UAV mit Zubehör
- ◯ Absperrmaterial
- ◯ _____
- ◯ Erste-Hilfe-Kit
- ◯ Feuerlöscher
- ◯ _____
- ◯ Dokumente
- ◯ Weste / Helm
- ◯ _____

SORA

1) **SORA** *nötig?* (+) (-)
2) **GRC** *korrigiert** _____
3) **ARC** *korrigiert** _____
4) **Risikoklasse** _____
5) **ConOps** *erstellt* (+) (-)

Pre-Start-Checkup

- ◯ Mental bereit
- ◯ Abruf NOTAM
- ◯ Genehmigungen
- ◯ Flugverbote (-)
- ◯ Freigabe Tower
- ◯ Akkucheck UAS/RC
- ◯ Flugbereich sicher
- ◯ Polizei/O-Amt Info
- ◯ Kontrollzone (-)
- ◯ _____

Vor Start der Motoren

- ◯ Beleuchtung OK
- ◯ GPS-Signal OK
- ◯ RC-Verbindung OK
- ◯ Flugmodus OK
- ◯ Propeller fest
- ◯ _____

Nach Start der Motoren

- ◯ Schwebeflug OK
- ◯ Flugverkehr (-)
- ◯ Reaktion RC OK
- ◯ Bildsignal OK
- ◯ Störquellen (-)
- ◯ _____

Flugdaten

Flugnummer	Datum** *(TT.MM.JJJJ)*	Uhrzeit** *(hh:mm)*
		:

Steuerer** *(Kürzel)*	System /Gerät**	Flugdauer** *(hh:mm)*
		:

Zweck	Wetter / Wind *(km/h)*	Anzahl Aufstiege**
	☀ ☁ 🌧	

Aufstiegs- und Einsatzort** *(Adresse / Koordinaten)*

Besonderheiten, Vorkommnisse, Betriebsstörungen**, Notizen

* Unkorrigierte GRC (bzw. ARC) abzüglich Schadensminimierung/ Barrieren
**Pflichtangaben gemäß "Gemeinsame Grundsätze". Die Aufzeichnungen sind 2 Jahre aufzubewahren!

Packliste

- ◯ UAV mit Zubehör
- ◯ Absperrmaterial
- ◯ _____
- ◯ Erste-Hilfe-Kit
- ◯ Feuerlöscher
- ◯ _____
- ◯ Dokumente
- ◯ Weste / Helm
- ◯ _____

SORA

1) **SORA** *nötig?* (+) (−)
2) **GRC** *korrigiert** _____
3) **ARC** *korrigiert** _____
4) **Risikoklasse** _____
5) **ConOps** *erstellt* (+) (−)

Pre-Start-Checkup

- ◯ Mental bereit
- ◯ Abruf NOTAM
- ◯ Genehmigungen
- ◯ Flugverbote (−)
- ◯ Freigabe Tower
- ◯ Akkucheck UAS/RC
- ◯ Flugbereich sicher
- ◯ Polizei/O-Amt Info
- ◯ Kontrollzone (−)
- ◯ _____

Vor Start der Motoren

- ◯ Beleuchtung OK
- ◯ GPS-Signal OK
- ◯ RC-Verbindung OK
- ◯ Flugmodus OK
- ◯ Propeller fest
- ◯ _____

Nach Start der Motoren

- ◯ Schwebeflug OK
- ◯ Flugverkehr (−)
- ◯ Reaktion RC OK
- ◯ Bildsignal OK
- ◯ Störquellen (−)
- ◯ _____

Flugdaten

Flugnummer	Datum** *(TT.MM.JJJJ)*	Uhrzeit** *(hh:mm)*
		:
Steuerer** *(Kürzel)*	System /Gerät**	Flugdauer** *(hh:mm)*
		:
Zweck	Wetter / Wind *(km/h)*	Anzahl Aufstiege**
	☀ ☁ 🌧	

Aufstiegs- und Einsatzort** *(Adresse / Koordinaten)*

Besonderheiten, Vorkommnisse, Betriebsstörungen**, Notizen

* Unkorrigierte GRC (bzw. ARC) abzüglich Schadensminimierung/ Barrieren
**Pflichtangaben gemäß "Gemeinsame Grundsätze". Die Aufzeichnungen sind 2 Jahre aufzubewahren!

Packliste

- ◯ UAV mit Zubehör
- ◯ Absperrmaterial
- ◯ _____
- ◯ Erste-Hilfe-Kit
- ◯ Feuerlöscher
- ◯ _____
- ◯ Dokumente
- ◯ Weste / Helm
- ◯ _____

SORA Pre-Start-Checkup

1) **SORA** *nötig?* (+) (-)
2) **GRC** *korrigiert** ____
3) **ARC** *korrigiert** ____
4) **Risikoklasse** ____
5) **ConOps** *erstellt* (+) (-)

- ◯ Mental bereit
- ◯ Abruf NOTAM
- ◯ Genehmigungen
- ◯ Flugverbote (-)
- ◯ Freigabe Tower
- ◯ Akkucheck UAS/RC
- ◯ Flugbereich sicher
- ◯ Polizei/O-Amt Info
- ◯ Kontrollzone (-)
- ◯ _____

Vor Start der Motoren

- ◯ Beleuchtung OK
- ◯ GPS-Signal OK
- ◯ RC-Verbindung OK
- ◯ Flugmodus OK
- ◯ Propeller fest
- ◯ _____

Nach Start der Motoren

- ◯ Schwebeflug OK
- ◯ Flugverkehr (-)
- ◯ Reaktion RC OK
- ◯ Bildsignal OK
- ◯ Störquellen (-)
- ◯ _____

Flugdaten

Flugnummer	Datum** *(TT.MM.JJJJ)*	Uhrzeit** *(hh:mm)*
		:

Steuerer** *(Kürzel)*	System /Gerät**	Flugdauer** *(hh:mm)*
		:

Zweck	Wetter / Wind *(km/h)*	Anzahl Aufstiege**

Aufstiegs- und Einsatzort** *(Adresse / Koordinaten)*

Besonderheiten, Vorkommnisse, Betriebsstörungen**, Notizen

* Unkorrigierte GRC (bzw. ARC) abzüglich Schadensminimierung/ Barrieren
**Pflichtangaben gemäß "Gemeinsame Grundsätze". Die Aufzeichnungen sind 2 Jahre aufzubewahren!

Packliste

- ◯ UAV mit Zubehör
- ◯ Absperrmaterial
- ◯ _____
- ◯ Erste-Hilfe-Kit
- ◯ Feuerlöscher
- ◯ _____
- ◯ Dokumente
- ◯ Weste / Helm
- ◯ _____

SORA · Pre-Start-Checkup

1) **SORA** *nötig?* (+) (-)
2) **GRC** *korrigiert** ____
3) **ARC** *korrigiert** ____
4) **Risikoklasse** ____
5) **ConOps** *erstellt* (+) (-)

- ◯ Mental bereit
- ◯ Abruf NOTAM
- ◯ Genehmigungen
- ◯ Flugverbote (-)
- ◯ Freigabe Tower
- ◯ Akkucheck UAS/RC
- ◯ Flugbereich sicher
- ◯ Polizei/O-Amt Info
- ◯ Kontrollzone (-)
- ◯ _____

Vor Start der Motoren

- ◯ Beleuchtung OK
- ◯ GPS-Signal OK
- ◯ RC-Verbindung OK
- ◯ Flugmodus OK
- ◯ Propeller fest
- ◯ _____

Nach Start der Motoren

- ◯ Schwebeflug OK
- ◯ Flugverkehr (-)
- ◯ Reaktion RC OK
- ◯ Bildsignal OK
- ◯ Störquellen (-)
- ◯ _____

Flugdaten

Flugnummer

Datum** *(TT.MM.JJJJ)*

Uhrzeit** *(hh:mm)* :

Steuerer** *(Kürzel)*

System /Gerät**

Flugdauer** *(hh:mm)* :

Zweck

Wetter / Wind *(km/h)*

Anzahl Aufstiege**

Aufstiegs- und Einsatzort** *(Adresse / Koordinaten)*

Besonderheiten, Vorkommnisse, Betriebsstörungen**, Notizen

* Unkorrigierte GRC (bzw. ARC) abzüglich Schadensminimierung/ Barrieren
**Pflichtangaben gemäß "Gemeinsame Grundsätze". Die Aufzeichnungen sind 2 Jahre aufzubewahren!

Packliste

- ◯ UAV mit Zubehör
- ◯ Erste-Hilfe-Kit
- ◯ Dokumente
- ◯ Absperrmaterial
- ◯ Feuerlöscher
- ◯ Weste / Helm
- ◯ _____
- ◯ _____
- ◯ _____

SORA

1) **SORA** *nötig?* (+) (-)
2) **GRC** *korrigiert** _____
3) **ARC** *korrigiert** _____
4) **Risikoklasse** _____
5) **ConOps** *erstellt* (+) (-)

Pre-Start-Checkup

- ◯ Mental bereit
- ◯ Akkucheck UAS/RC
- ◯ Abruf NOTAM
- ◯ Flugbereich sicher
- ◯ Genehmigungen
- ◯ Polizei/O-Amt Info
- ◯ Flugverbote (-)
- ◯ Kontrollzone (-)
- ◯ Freigabe Tower
- ◯ _____

Vor Start der Motoren

- ◯ Beleuchtung OK
- ◯ RC-Verbindung OK
- ◯ Propeller fest
- ◯ GPS-Signal OK
- ◯ Flugmodus OK
- ◯ _____

Nach Start der Motoren

- ◯ Schwebeflug OK
- ◯ Reaktion RC OK
- ◯ Störquellen (-)
- ◯ Flugverkehr (-)
- ◯ Bildsignal OK
- ◯ _____

Flugdaten

Flugnummer	Datum** *(TT.MM.JJJJ)*	Uhrzeit** *(hh:mm)*
		:
Steuerer** *(Kürzel)*	System /Gerät**	Flugdauer** *(hh:mm)*
		:
Zweck	Wetter / Wind *(km/h)*	Anzahl Aufstiege**

Aufstiegs- und Einsatzort** *(Adresse / Koordinaten)*

Besonderheiten, Vorkommnisse, Betriebsstörungen**, Notizen

* Unkorrigierte GRC (bzw. ARC) abzüglich Schadensminimierung/ Barrieren
**Pflichtangaben gemäß "Gemeinsame Grundsätze". Die Aufzeichnungen sind 2 Jahre aufzubewahren!

Packliste

- ◯ UAV mit Zubehör
- ◯ Absperrmaterial
- ◯ _____
- ◯ Erste-Hilfe-Kit
- ◯ Feuerlöscher
- ◯ _____
- ◯ Dokumente
- ◯ Weste / Helm
- ◯ _____

SORA

1) **SORA** *nötig?* (+) (-)
2) **GRC** *korrigiert** _____
3) **ARC** *korrigiert** _____
4) **Risikoklasse** _____
5) **ConOps** *erstellt* (+) (-)

Pre-Start-Checkup

- ◯ Mental bereit
- ◯ Abruf NOTAM
- ◯ Genehmigungen
- ◯ Flugverbote (-)
- ◯ Freigabe Tower
- ◯ Akkucheck UAS/RC
- ◯ Flugbereich sicher
- ◯ Polizei/O-Amt Info
- ◯ Kontrollzone (-)
- ◯ _____

Vor Start der Motoren

- ◯ Beleuchtung OK
- ◯ GPS-Signal OK
- ◯ RC-Verbindung OK
- ◯ Flugmodus OK
- ◯ Propeller fest
- ◯ _____

Nach Start der Motoren

- ◯ Schwebeflug OK
- ◯ Flugverkehr (-)
- ◯ Reaktion RC OK
- ◯ Bildsignal OK
- ◯ Störquellen (-)
- ◯ _____

Flugdaten

Flugnummer	Datum** *(TT.MM.JJJJ)*	Uhrzeit** *(hh:mm)*
		:
Steuerer** *(Kürzel)*	System /Gerät**	Flugdauer** *(hh:mm)*
		:
Zweck	Wetter / Wind *(km/h)*	Anzahl Aufstiege**

Aufstiegs- und Einsatzort** *(Adresse / Koordinaten)*

Besonderheiten, Vorkommnisse, Betriebsstörungen**, Notizen

* Unkorrigierte GRC (bzw. ARC) abzüglich Schadensminimierung/ Barrieren
**Pflichtangaben gemäß "Gemeinsame Grundsätze". Die Aufzeichnungen sind 2 Jahre aufzubewahren!

Packliste

- ◯ UAV mit Zubehör
- ◯ Absperrmaterial
- ◯ _____
- ◯ Erste-Hilfe-Kit
- ◯ Feuerlöscher
- ◯ _____
- ◯ Dokumente
- ◯ Weste / Helm
- ◯ _____

SORA   Pre-Start-Checkup

1) **SORA** *nötig?* (+) (-)
2) **GRC** *korrigiert** _____
3) **ARC** *korrigiert** _____
4) **Risikoklasse** _____
5) **ConOps** *erstellt* (+) (-)

- ◯ Mental bereit
- ◯ Abruf NOTAM
- ◯ Genehmigungen
- ◯ Flugverbote (-)
- ◯ Freigabe Tower
- ◯ Akkucheck UAS/RC
- ◯ Flugbereich sicher
- ◯ Polizei/O-Amt Info
- ◯ Kontrollzone (-)
- ◯ _____

Vor Start der Motoren

- ◯ Beleuchtung OK
- ◯ GPS-Signal OK
- ◯ RC-Verbindung OK
- ◯ Flugmodus OK
- ◯ Propeller fest
- ◯ _____

Nach Start der Motoren

- ◯ Schwebeflug OK
- ◯ Flugverkehr (-)
- ◯ Reaktion RC OK
- ◯ Bildsignal OK
- ◯ Störquellen (-)
- ◯ _____

Flugdaten

Flugnummer	Datum** *(TT.MM.JJJJ)*	Uhrzeit** *(hh:mm)*
		:

Steuerer** *(Kürzel)*	System /Gerät**	Flugdauer** *(hh:mm)*
		:

Zweck	Wetter / Wind *(km/h)*	Anzahl Aufstiege**
	☀ ☁ 🌧	

Aufstiegs- und Einsatzort** *(Adresse / Koordinaten)*

Besonderheiten, Vorkomnisse, Betriebsstörungen**, Notizen

* Unkorrigierte GRC (bzw. ARC) abzüglich Schadensminimierung/ Barrieren
**Pflichtangaben gemäß "Gemeinsame Grundsätze". Die Aufzeichnungen sind 2 Jahre aufzubewahren!

Packliste

- ◯ UAV mit Zubehör
- ◯ Absperrmaterial
- ◯ _____
- ◯ Erste-Hilfe-Kit
- ◯ Feuerlöscher
- ◯ _____
- ◯ Dokumente
- ◯ Weste / Helm
- ◯ _____

SORA

1) **SORA** *nötig?* (+) (-)
2) **GRC** *korrigiert** _____
3) **ARC** *korrigiert** _____
4) **Risikoklasse** _____
5) **ConOps** *erstellt* (+) (-)

Pre-Start-Checkup

- ◯ Mental bereit
- ◯ Abruf NOTAM
- ◯ Genehmigungen
- ◯ Flugverbote (-)
- ◯ Freigabe Tower
- ◯ Akkucheck UAS/RC
- ◯ Flugbereich sicher
- ◯ Polizei/O-Amt Info
- ◯ Kontrollzone (-)
- ◯ _____

Vor Start der Motoren

- ◯ Beleuchtung OK
- ◯ GPS-Signal OK
- ◯ RC-Verbindung OK
- ◯ Flugmodus OK
- ◯ Propeller fest
- ◯ _____

Nach Start der Motoren

- ◯ Schwebeflug OK
- ◯ Flugverkehr (-)
- ◯ Reaktion RC OK
- ◯ Bildsignal OK
- ◯ Störquellen (-)
- ◯ _____

Flugdaten

Flugnummer	Datum** *(TT.MM.JJJJ)*	Uhrzeit** *(hh:mm)*
		:
Steuerer** *(Kürzel)*	**System /Gerät****	**Flugdauer**** *(hh:mm)*
		:
Zweck	**Wetter / Wind** *(km/h)*	**Anzahl Aufstiege****
	☀ ☁ 🌧	

Aufstiegs- und Einsatzort** *(Adresse / Koordinaten)*

Besonderheiten, Vorkommnisse, Betriebsstörungen**, Notizen

* Unkorrigierte GRC (bzw. ARC) abzüglich Schadensminimierung/ Barrieren
**Pflichtangaben gemäß "Gemeinsame Grundsätze". Die Aufzeichnungen sind 2 Jahre aufzubewahren!

Packliste

- ◯ UAV mit Zubehör
- ◯ Erste-Hilfe-Kit
- ◯ Dokumente
- ◯ Absperrmaterial
- ◯ Feuerlöscher
- ◯ Weste / Helm
- ◯ _____
- ◯ _____
- ◯ _____

SORA

1) **SORA** *nötig?* (+) (-)
2) **GRC** *korrigiert** _____
3) **ARC** *korrigiert** _____
4) **Risikoklasse** _____
5) **ConOps** *erstellt* (+) (-)

Pre-Start-Checkup

- ◯ Mental bereit
- ◯ Akkucheck UAS/RC
- ◯ Abruf NOTAM
- ◯ Flugbereich sicher
- ◯ Genehmigungen
- ◯ Polizei/O-Amt Info
- ◯ Flugverbote (-)
- ◯ Kontrollzone (-)
- ◯ Freigabe Tower
- ◯ _____

Vor Start der Motoren

- ◯ Beleuchtung OK
- ◯ RC-Verbindung OK
- ◯ Propeller fest
- ◯ GPS-Signal OK
- ◯ Flugmodus OK
- ◯ _____

Nach Start der Motoren

- ◯ Schwebeflug OK
- ◯ Reaktion RC OK
- ◯ Störquellen (-)
- ◯ Flugverkehr (-)
- ◯ Bildsignal OK
- ◯ _____

Flugdaten

Flugnummer	Datum** *(TT.MM.JJJJ)*	Uhrzeit** *(hh:mm)*
		:
Steuerer** *(Kürzel)*	System /Gerät**	Flugdauer** *(hh:mm)*
		:
Zweck	Wetter / Wind *(km/h)*	Anzahl Aufstiege**

Aufstiegs- und Einsatzort** *(Adresse / Koordinaten)*

Besonderheiten, Vorkommnisse, Betriebsstörungen**, Notizen

* Unkorrigierte GRC (bzw. ARC) abzüglich Schadensminimierung/ Barrieren
**Pflichtangaben gemäß "Gemeinsame Grundsätze". Die Aufzeichnungen sind 2 Jahre aufzubewahren!

Packliste

- ◯ UAV mit Zubehör
- ◯ Absperrmaterial
- ◯ _____
- ◯ Erste-Hilfe-Kit
- ◯ Feuerlöscher
- ◯ _____
- ◯ Dokumente
- ◯ Weste / Helm
- ◯ _____

SORA   Pre-Start-Checkup

1) **SORA** *nötig?* (+) (-)
2) **GRC** *korrigiert** _____
3) **ARC** *korrigiert** _____
4) **Risikoklasse** _____
5) **ConOps** *erstellt* (+) (-)

- ◯ Mental bereit
- ◯ Abruf NOTAM
- ◯ Genehmigungen
- ◯ Flugverbote (-)
- ◯ Freigabe Tower
- ◯ Akkucheck UAS/RC
- ◯ Flugbereich sicher
- ◯ Polizei/O-Amt Info
- ◯ Kontrollzone (-)
- ◯ _____

Vor Start der Motoren

- ◯ Beleuchtung OK
- ◯ GPS-Signal OK
- ◯ RC-Verbindung OK
- ◯ Flugmodus OK
- ◯ Propeller fest
- ◯ _____

Nach Start der Motoren

- ◯ Schwebeflug OK
- ◯ Flugverkehr (-)
- ◯ Reaktion RC OK
- ◯ Bildsignal OK
- ◯ Störquellen (-)
- ◯ _____

Flugdaten

Flugnummer

Datum** *(TT.MM.JJJJ)*

Uhrzeit** *(hh:mm)*

Steuerer** *(Kürzel)*

System /Gerät**

Flugdauer** *(hh:mm)*

Zweck

Wetter / Wind *(km/h)*

Anzahl Aufstiege**

Aufstiegs- und Einsatzort** *(Adresse / Koordinaten)*

Besonderheiten, Vorkommnisse, Betriebsstörungen**, Notizen

* Unkorrigierte GRC (bzw. ARC) abzüglich Schadensminimierung/ Barrieren
**Pflichtangaben gemäß "Gemeinsame Grundsätze". Die Aufzeichnungen sind 2 Jahre aufzubewahren!

Packliste

- ◯ UAV mit Zubehör
- ◯ Absperrmaterial
- ◯ _____
- ◯ Erste-Hilfe-Kit
- ◯ Feuerlöscher
- ◯ _____
- ◯ Dokumente
- ◯ Weste / Helm
- ◯ _____

SORA

1) **SORA** *nötig?* (+) (-)
2) **GRC** *korrigiert** _____
3) **ARC** *korrigiert** _____
4) **Risikoklasse** _____
5) **ConOps** *erstellt* (+) (-)

Pre-Start-Checkup

- ◯ Mental bereit
- ◯ Abruf NOTAM
- ◯ Genehmigungen
- ◯ Flugverbote (-)
- ◯ Freigabe Tower
- ◯ Akkucheck UAS/RC
- ◯ Flugbereich sicher
- ◯ Polizei/O-Amt Info
- ◯ Kontrollzone (-)
- ◯ _____

Vor Start der Motoren

- ◯ Beleuchtung OK
- ◯ GPS-Signal OK
- ◯ RC-Verbindung OK
- ◯ Flugmodus OK
- ◯ Propeller fest
- ◯ _____

Nach Start der Motoren

- ◯ Schwebeflug OK
- ◯ Flugverkehr (-)
- ◯ Reaktion RC OK
- ◯ Bildsignal OK
- ◯ Störquellen (-)
- ◯ _____

Flugdaten

Flugnummer	Datum** *(TT.MM.JJJJ)*	Uhrzeit** *(hh:mm)*
		:
Steuerer** *(Kürzel)*	System /Gerät**	Flugdauer** *(hh:mm)*
		:
Zweck	Wetter / Wind *(km/h)*	Anzahl Aufstiege**
	☀ ☁ 🌧	

Aufstiegs- und Einsatzort** *(Adresse / Koordinaten)*

Besonderheiten, Vorkommnisse, Betriebsstörungen**, Notizen

* Unkorrigierte GRC (bzw. ARC) abzüglich Schadensminimierung/ Barrieren
**Pflichtangaben gemäß "Gemeinsame Grundsätze". Die Aufzeichnungen sind 2 Jahre aufzubewahren!

Packliste

- ◯ UAV mit Zubehör
- ◯ Absperrmaterial
- ◯ _____
- ◯ Erste-Hilfe-Kit
- ◯ Feuerlöscher
- ◯ _____
- ◯ Dokumente
- ◯ Weste / Helm
- ◯ _____

SORA

1) **SORA** *nötig?* (+) (−)
2) **GRC** *korrigiert** _____
3) **ARC** *korrigiert** _____
4) **Risikoklasse** _____
5) **ConOps** *erstellt* (+) (−)

Pre-Start-Checkup

- ◯ Mental bereit
- ◯ Abruf NOTAM
- ◯ Genehmigungen
- ◯ Flugverbote (−)
- ◯ Freigabe Tower
- ◯ Akkucheck UAS/RC
- ◯ Flugbereich sicher
- ◯ Polizei/O-Amt Info
- ◯ Kontrollzone (−)
- ◯ _____

Vor Start der Motoren

- ◯ Beleuchtung OK
- ◯ GPS-Signal OK
- ◯ RC-Verbindung OK
- ◯ Flugmodus OK
- ◯ Propeller fest
- ◯ _____

Nach Start der Motoren

- ◯ Schwebeflug OK
- ◯ Flugverkehr (−)
- ◯ Reaktion RC OK
- ◯ Bildsignal OK
- ◯ Störquellen (−)
- ◯ _____

Flugdaten

Flugnummer	Datum** *(TT.MM.JJJJ)*	Uhrzeit** *(hh:mm)*
		:
Steuerer** *(Kürzel)*	**System /Gerät****	**Flugdauer**** *(hh:mm)*
		:
Zweck	**Wetter / Wind** *(km/h)*	**Anzahl Aufstiege****

Aufstiegs- und Einsatzort** *(Adresse / Koordinaten)*

Besonderheiten, Vorkommnisse, Betriebsstörungen**, Notizen

* Unkorrigierte GRC (bzw. ARC) abzüglich Schadensminimierung/ Barrieren
**Pflichtangaben gemäß "Gemeinsame Grundsätze". Die Aufzeichnungen sind 2 Jahre aufzubewahren!

Packliste

- ◯ UAV mit Zubehör
- ◯ Absperrmaterial
- ◯ _____
- ◯ Erste-Hilfe-Kit
- ◯ Feuerlöscher
- ◯ _____
- ◯ Dokumente
- ◯ Weste / Helm
- ◯ _____

SORA

1) **SORA** *nötig?* (+) (-)
2) **GRC** *korrigiert** _____
3) **ARC** *korrigiert** _____
4) **Risikoklasse** _____
5) **ConOps** *erstellt* (+) (-)

Pre-Start-Checkup

- ◯ Mental bereit
- ◯ Abruf NOTAM
- ◯ Genehmigungen
- ◯ Flugverbote (-)
- ◯ Freigabe Tower
- ◯ Akkucheck UAS/RC
- ◯ Flugbereich sicher
- ◯ Polizei/O-Amt Info
- ◯ Kontrollzone (-)
- ◯ _____

Vor Start der Motoren

- ◯ Beleuchtung OK
- ◯ GPS-Signal OK
- ◯ RC-Verbindung OK
- ◯ Flugmodus OK
- ◯ Propeller fest
- ◯ _____

Nach Start der Motoren

- ◯ Schwebeflug OK
- ◯ Flugverkehr (-)
- ◯ Reaktion RC OK
- ◯ Bildsignal OK
- ◯ Störquellen (-)
- ◯ _____

Flugdaten

Flugnummer

Datum** *(TT.MM.JJJJ)*

Uhrzeit** *(hh:mm)*

Steuerer** *(Kürzel)*

System /Gerät**

Flugdauer** *(hh:mm)*

Zweck

Wetter / Wind *(km/h)*

Anzahl Aufstiege**

Aufstiegs- und Einsatzort** *(Adresse / Koordinaten)*

Besonderheiten, Vorkommnisse, Betriebsstörungen**, Notizen

* Unkorrigierte GRC (bzw. ARC) abzüglich Schadensminimierung/ Barrieren
**Pflichtangaben gemäß "Gemeinsame Grundsätze". Die Aufzeichnungen sind 2 Jahre aufzubewahren!

Packliste

- ◯ UAV mit Zubehör
- ◯ Absperrmaterial
- ◯ _____
- ◯ Erste-Hilfe-Kit
- ◯ Feuerlöscher
- ◯ _____
- ◯ Dokumente
- ◯ Weste / Helm
- ◯ _____

SORA

1) **SORA** *nötig?* (+) (-)
2) **GRC** *korrigiert** _____
3) **ARC** *korrigiert** _____
4) **Risikoklasse** _____
5) **ConOps** *erstellt* (+) (-)

Pre-Start-Checkup

- ◯ Mental bereit
- ◯ Abruf NOTAM
- ◯ Genehmigungen
- ◯ Flugverbote (-)
- ◯ Freigabe Tower
- ◯ Akkucheck UAS/RC
- ◯ Flugbereich sicher
- ◯ Polizei/O-Amt Info
- ◯ Kontrollzone (-)
- ◯ _____

Vor Start der Motoren

- ◯ Beleuchtung OK
- ◯ GPS-Signal OK
- ◯ RC-Verbindung OK
- ◯ Flugmodus OK
- ◯ Propeller fest
- ◯ _____

Nach Start der Motoren

- ◯ Schwebeflug OK
- ◯ Flugverkehr (-)
- ◯ Reaktion RC OK
- ◯ Bildsignal OK
- ◯ Störquellen (-)
- ◯ _____

Flugdaten

Flugnummer	Datum** *(TT.MM.JJJJ)*	Uhrzeit** *(hh:mm)*
		:

Steuerer** *(Kürzel)*	System /Gerät**	Flugdauer** *(hh:mm)*
		:

Zweck	Wetter / Wind *(km/h)*	Anzahl Aufstiege**
	☀ ☁ 🌧	

Aufstiegs- und Einsatzort** *(Adresse / Koordinaten)*

Besonderheiten, Vorkommnisse, Betriebsstörungen**, Notizen

* Unkorrigierte GRC (bzw. ARC) abzüglich Schadensminimierung/ Barrieren
**Pflichtangaben gemäß "Gemeinsame Grundsätze". Die Aufzeichnungen sind 2 Jahre aufzubewahren!

Packliste

- ◯ UAV mit Zubehör
- ◯ Absperrmaterial
- ◯ _____

- ◯ Erste-Hilfe-Kit
- ◯ Feuerlöscher
- ◯ _____

- ◯ Dokumente
- ◯ Weste / Helm
- ◯ _____

SORA

1) **SORA** *nötig?* (+) (−)
2) **GRC** *korrigiert** _____
3) **ARC** *korrigiert** _____
4) **Risikoklasse** _____
5) **ConOps** *erstellt* (+) (−)

Pre-Start-Checkup

- ◯ Mental bereit
- ◯ Abruf NOTAM
- ◯ Genehmigungen
- ◯ Flugverbote (−)
- ◯ Freigabe Tower

- ◯ Akkucheck UAS/RC
- ◯ Flugbereich sicher
- ◯ Polizei/O-Amt Info
- ◯ Kontrollzone (−)
- ◯ _____

Vor Start der Motoren

- ◯ Beleuchtung OK
- ◯ GPS-Signal OK

- ◯ RC-Verbindung OK
- ◯ Flugmodus OK

- ◯ Propeller fest
- ◯ _____

Nach Start der Motoren

- ◯ Schwebeflug OK
- ◯ Flugverkehr (−)

- ◯ Reaktion RC OK
- ◯ Bildsignal OK

- ◯ Störquellen (−)
- ◯ _____

Flugdaten

Flugnummer	Datum** *(TT.MM.JJJJ)*	Uhrzeit** *(hh:mm)*
		:

Steuerer** *(Kürzel)*	System /Gerät**	Flugdauer** *(hh:mm)*
		:

Zweck	Wetter / Wind *(km/h)*	Anzahl Aufstiege**
	☀ ☁ 🌧	

Aufstiegs- und Einsatzort** *(Adresse / Koordinaten)*

Besonderheiten, Vorkomnisse, Betriebsstörungen**, Notizen

* Unkorrigierte GRC (bzw. ARC) abzüglich Schadensminimierung/ Barrieren
**Pflichtangaben gemäß "Gemeinsame Grundsätze". Die Aufzeichnungen sind 2 Jahre aufzubewahren!

Packliste

- ◯ UAV mit Zubehör
- ◯ Absperrmaterial
- ◯ _____
- ◯ Erste-Hilfe-Kit
- ◯ Feuerlöscher
- ◯ _____
- ◯ Dokumente
- ◯ Weste / Helm
- ◯ _____

SORA

1) **SORA** *nötig?* (+) (-)
2) **GRC** *korrigiert** _____
3) **ARC** *korrigiert** _____
4) **Risikoklasse** _____
5) **ConOps** *erstellt* (+) (-)

Pre-Start-Checkup

- ◯ Mental bereit
- ◯ Abruf NOTAM
- ◯ Genehmigungen
- ◯ Flugverbote (-)
- ◯ Freigabe Tower
- ◯ Akkucheck UAS/RC
- ◯ Flugbereich sicher
- ◯ Polizei/O-Amt Info
- ◯ Kontrollzone (-)
- ◯ _____

Vor Start der Motoren

- ◯ Beleuchtung OK
- ◯ GPS-Signal OK
- ◯ RC-Verbindung OK
- ◯ Flugmodus OK
- ◯ Propeller fest
- ◯ _____

Nach Start der Motoren

- ◯ Schwebeflug OK
- ◯ Flugverkehr (-)
- ◯ Reaktion RC OK
- ◯ Bildsignal OK
- ◯ Störquellen (-)
- ◯ _____

Flugdaten

Flugnummer

Datum** *(TT.MM.JJJJ)*

Uhrzeit** *(hh:mm)*
:

Steuerer** *(Kürzel)*

System /Gerät**

Flugdauer** *(hh:mm)*
:

Zweck

Wetter / Wind *(km/h)*

Anzahl Aufstiege**

Aufstiegs- und Einsatzort** *(Adresse / Koordinaten)*

Besonderheiten, Vorkommnisse, Betriebsstörungen**, Notizen

* Unkorrigierte GRC (bzw. ARC) abzüglich Schadensminimierung/ Barrieren
**Pflichtangaben gemäß "Gemeinsame Grundsätze". Die Aufzeichnungen sind 2 Jahre aufzubewahren!

Packliste

- ◯ UAV mit Zubehör
- ◯ Erste-Hilfe-Kit
- ◯ Dokumente
- ◯ Absperrmaterial
- ◯ Feuerlöscher
- ◯ Weste / Helm
- ◯ _____
- ◯ _____
- ◯ _____

SORA

1) **SORA** *nötig?* (+) (-)
2) **GRC** *korrigiert** _____
3) **ARC** *korrigiert** _____
4) **Risikoklasse** _____
5) **ConOps** *erstellt* (+) (-)

Pre-Start-Checkup

- ◯ Mental bereit
- ◯ Akkucheck UAS/RC
- ◯ Abruf NOTAM
- ◯ Flugbereich sicher
- ◯ Genehmigungen
- ◯ Polizei/O-Amt Info
- ◯ Flugverbote (-)
- ◯ Kontrollzone (-)
- ◯ Freigabe Tower
- ◯ _____

Vor Start der Motoren

- ◯ Beleuchtung OK
- ◯ RC-Verbindung OK
- ◯ Propeller fest
- ◯ GPS-Signal OK
- ◯ Flugmodus OK
- ◯ _____

Nach Start der Motoren

- ◯ Schwebeflug OK
- ◯ Reaktion RC OK
- ◯ Störquellen (-)
- ◯ Flugverkehr (-)
- ◯ Bildsignal OK
- ◯ _____

Flugdaten

Flugnummer	Datum** *(TT.MM.JJJJ)*	Uhrzeit** *(hh:mm)*
		:
Steuerer** *(Kürzel)*	System /Gerät**	Flugdauer** *(hh:mm)*
		:
Zweck	Wetter / Wind *(km/h)*	Anzahl Aufstiege**
	☀ ☁ 🌧	

Aufstiegs- und Einsatzort** *(Adresse / Koordinaten)*

Besonderheiten, Vorkommnisse, Betriebsstörungen**, Notizen

* Unkorrigierte GRC (bzw. ARC) abzüglich Schadensminimierung/ Barrieren
**Pflichtangaben gemäß "Gemeinsame Grundsätze". Die Aufzeichnungen sind 2 Jahre aufzubewahren!

Packliste

- ○ UAV mit Zubehör
- ○ Absperrmaterial
- ○ _____
- ○ Erste-Hilfe-Kit
- ○ Feuerlöscher
- ○ _____
- ○ Dokumente
- ○ Weste / Helm
- ○ _____

SORA

1) **SORA** *nötig?* (+) (−)
2) **GRC** *korrigiert** _____
3) **ARC** *korrigiert** _____
4) **Risikoklasse** _____
5) **ConOps** *erstellt* (+) (−)

Pre-Start-Checkup

- ○ Mental bereit
- ○ Abruf NOTAM
- ○ Genehmigungen
- ○ Flugverbote (−)
- ○ Freigabe Tower
- ○ Akkucheck UAS/RC
- ○ Flugbereich sicher
- ○ Polizei/O-Amt Info
- ○ Kontrollzone (−)
- ○ _____

Vor Start der Motoren

- ○ Beleuchtung OK
- ○ GPS-Signal OK
- ○ RC-Verbindung OK
- ○ Flugmodus OK
- ○ Propeller fest
- ○ _____

Nach Start der Motoren

- ○ Schwebeflug OK
- ○ Flugverkehr (−)
- ○ Reaktion RC OK
- ○ Bildsignal OK
- ○ Störquellen (−)
- ○ _____

Flugdaten

Flugnummer

Datum** *(TT.MM.JJJJ)*

Uhrzeit** *(hh:mm)*

Steuerer** *(Kürzel)*

System /Gerät**

Flugdauer** *(hh:mm)*

Zweck

Wetter / Wind *(km/h)*

Anzahl Aufstiege**

Aufstiegs- und Einsatzort** *(Adresse / Koordinaten)*

Besonderheiten, Vorkommnisse, Betriebsstörungen**, Notizen

* Unkorrigierte GRC (bzw. ARC) abzüglich Schadensminimierung/ Barrieren
**Pflichtangaben gemäß "Gemeinsame Grundsätze". Die Aufzeichnungen sind 2 Jahre aufzubewahren!

Packliste

- ◯ UAV mit Zubehör
- ◯ Absperrmaterial
- ◯ _____
- ◯ Erste-Hilfe-Kit
- ◯ Feuerlöscher
- ◯ _____
- ◯ Dokumente
- ◯ Weste / Helm
- ◯ _____

SORA

1) **SORA** *nötig?* (+) (-)
2) **GRC** *korrigiert** _____
3) **ARC** *korrigiert** _____
4) **Risikoklasse** _____
5) **ConOps** *erstellt* (+) (-)

Pre-Start-Checkup

- ◯ Mental bereit
- ◯ Abruf NOTAM
- ◯ Genehmigungen
- ◯ Flugverbote (-)
- ◯ Freigabe Tower
- ◯ Akkucheck UAS/RC
- ◯ Flugbereich sicher
- ◯ Polizei/O-Amt Info
- ◯ Kontrollzone (-)
- ◯ _____

Vor Start der Motoren

- ◯ Beleuchtung OK
- ◯ GPS-Signal OK
- ◯ RC-Verbindung OK
- ◯ Flugmodus OK
- ◯ Propeller fest
- ◯ _____

Nach Start der Motoren

- ◯ Schwebeflug OK
- ◯ Flugverkehr (-)
- ◯ Reaktion RC OK
- ◯ Bildsignal OK
- ◯ Störquellen (-)
- ◯ _____

Flugdaten

Flugnummer	Datum** *(TT.MM.JJJJ)*	Uhrzeit** *(hh:mm)*
		:

Steuerer** *(Kürzel)*	System /Gerät**	Flugdauer** *(hh:mm)*
		:

Zweck	Wetter / Wind *(km/h)*	Anzahl Aufstiege**

Aufstiegs- und Einsatzort** *(Adresse / Koordinaten)*

Besonderheiten, Vorkomnisse, Betriebsstörungen**, Notizen

* Unkorrigierte GRC (bzw. ARC) abzüglich Schadensminimierung/ Barrieren
**Pflichtangaben gemäß "Gemeinsame Grundsätze". Die Aufzeichnungen sind 2 Jahre aufzubewahren!

Packliste

- ◯ UAV mit Zubehör
- ◯ Absperrmaterial
- ◯ _____
- ◯ Erste-Hilfe-Kit
- ◯ Feuerlöscher
- ◯ _____
- ◯ Dokumente
- ◯ Weste / Helm
- ◯ _____

SORA

1) **SORA** *nötig?* (+) (-)
2) **GRC** *korrigiert** _____
3) **ARC** *korrigiert** _____
4) **Risikoklasse** _____
5) **ConOps** *erstellt* (+) (-)

Pre-Start-Checkup

- ◯ Mental bereit
- ◯ Abruf NOTAM
- ◯ Genehmigungen
- ◯ Flugverbote (-)
- ◯ Freigabe Tower
- ◯ Akkucheck UAS/RC
- ◯ Flugbereich sicher
- ◯ Polizei/O-Amt Info
- ◯ Kontrollzone (-)
- ◯ _____

Vor Start der Motoren

- ◯ Beleuchtung OK
- ◯ GPS-Signal OK
- ◯ RC-Verbindung OK
- ◯ Flugmodus OK
- ◯ Propeller fest
- ◯ _____

Nach Start der Motoren

- ◯ Schwebeflug OK
- ◯ Flugverkehr (-)
- ◯ Reaktion RC OK
- ◯ Bildsignal OK
- ◯ Störquellen (-)
- ◯ _____

Flugdaten

Flugnummer	Datum** *(TT.MM.JJJJ)*	Uhrzeit** *(hh:mm)*
		:
Steuerer** *(Kürzel)*	System /Gerät**	Flugdauer** *(hh:mm)*
		:
Zweck	Wetter / Wind *(km/h)*	Anzahl Aufstiege**

Aufstiegs- und Einsatzort** *(Adresse / Koordinaten)*

Besonderheiten, Vorkommnisse, Betriebsstörungen**, Notizen

* Unkorrigierte GRC (bzw. ARC) abzüglich Schadensminimierung/ Barrieren
**Pflichtangaben gemäß "Gemeinsame Grundsätze". Die Aufzeichnungen sind 2 Jahre aufzubewahren!

Packliste

- ◯ UAV mit Zubehör
- ◯ Absperrmaterial
- ◯ _____
- ◯ Erste-Hilfe-Kit
- ◯ Feuerlöscher
- ◯ _____
- ◯ Dokumente
- ◯ Weste / Helm
- ◯ _____

SORA

1) **SORA** *nötig?* (+) (-)
2) **GRC** *korrigiert** _____
3) **ARC** *korrigiert** _____
4) **Risikoklasse** _____
5) **ConOps** *erstellt* (+) (-)

Pre-Start-Checkup

- ◯ Mental bereit
- ◯ Abruf NOTAM
- ◯ Genehmigungen
- ◯ Flugverbote (-)
- ◯ Freigabe Tower
- ◯ Akkucheck UAS/RC
- ◯ Flugbereich sicher
- ◯ Polizei/O-Amt Info
- ◯ Kontrollzone (-)
- ◯ _____

Vor Start der Motoren

- ◯ Beleuchtung OK
- ◯ GPS-Signal OK
- ◯ RC-Verbindung OK
- ◯ Flugmodus OK
- ◯ Propeller fest
- ◯ _____

Nach Start der Motoren

- ◯ Schwebeflug OK
- ◯ Flugverkehr (-)
- ◯ Reaktion RC OK
- ◯ Bildsignal OK
- ◯ Störquellen (-)
- ◯ _____

Flugdaten

Flugnummer	Datum** *(TT.MM.JJJJ)*	Uhrzeit** *(hh:mm)*
		:

Steuerer** *(Kürzel)*	System /Gerät**	Flugdauer** *(hh:mm)*
		:

Zweck	Wetter / Wind *(km/h)*	Anzahl Aufstiege**

Aufstiegs- und Einsatzort** *(Adresse / Koordinaten)*

Besonderheiten, Vorkomnisse, Betriebsstörungen**, Notizen

* Unkorrigierte GRC (bzw. ARC) abzüglich Schadensminimierung/ Barrieren
**Pflichtangaben gemäß "Gemeinsame Grundsätze". Die Aufzeichnungen sind 2 Jahre aufzubewahren!

Packliste

- ◯ UAV mit Zubehör
- ◯ Absperrmaterial
- ◯ _____
- ◯ Erste-Hilfe-Kit
- ◯ Feuerlöscher
- ◯ _____
- ◯ Dokumente
- ◯ Weste / Helm
- ◯ _____

SORA   Pre-Start-Checkup

1) **SORA** *nötig?* (+) (-)
2) **GRC** *korrigiert** _____
3) **ARC** *korrigiert** _____
4) **Risikoklasse** _____
5) **ConOps** *erstellt* (+) (-)

- ◯ Mental bereit
- ◯ Abruf NOTAM
- ◯ Genehmigungen
- ◯ Flugverbote (-)
- ◯ Freigabe Tower
- ◯ Akkucheck UAS/RC
- ◯ Flugbereich sicher
- ◯ Polizei/O-Amt Info
- ◯ Kontrollzone (-)
- ◯ _____

Vor Start der Motoren

- ◯ Beleuchtung OK
- ◯ GPS-Signal OK
- ◯ RC-Verbindung OK
- ◯ Flugmodus OK
- ◯ Propeller fest
- ◯ _____

Nach Start der Motoren

- ◯ Schwebeflug OK
- ◯ Flugverkehr (-)
- ◯ Reaktion RC OK
- ◯ Bildsignal OK
- ◯ Störquellen (-)
- ◯ _____

Flugdaten

Flugnummer	Datum** *(TT.MM.JJJJ)*	Uhrzeit** *(hh:mm)*
		:
Steuerer** *(Kürzel)*	System /Gerät**	Flugdauer** *(hh:mm)*
		:
Zweck	Wetter / Wind *(km/h)*	Anzahl Aufstiege**

Aufstiegs- und Einsatzort** *(Adresse / Koordinaten)*

Besonderheiten, Vorkommnisse, Betriebsstörungen**, Notizen

* Unkorrigierte GRC (bzw. ARC) abzüglich Schadensminimierung/ Barrieren
**Pflichtangaben gemäß "Gemeinsame Grundsätze". Die Aufzeichnungen sind 2 Jahre aufzubewahren!

Packliste

- ◯ UAV mit Zubehör
- ◯ Absperrmaterial
- ◯ _____
- ◯ Erste-Hilfe-Kit
- ◯ Feuerlöscher
- ◯ _____
- ◯ Dokumente
- ◯ Weste / Helm
- ◯ _____

SORA

1) **SORA** *nötig?* (+) (-)
2) **GRC** *korrigiert** _____
3) **ARC** *korrigiert** _____
4) **Risikoklasse** _____
5) **ConOps** *erstellt* (+) (-)

Pre-Start-Checkup

- ◯ Mental bereit
- ◯ Abruf NOTAM
- ◯ Genehmigungen
- ◯ Flugverbote (-)
- ◯ Freigabe Tower
- ◯ Akkucheck UAS/RC
- ◯ Flugbereich sicher
- ◯ Polizei/O-Amt Info
- ◯ Kontrollzone (-)
- ◯ _____

Vor Start der Motoren

- ◯ Beleuchtung OK
- ◯ GPS-Signal OK
- ◯ RC-Verbindung OK
- ◯ Flugmodus OK
- ◯ Propeller fest
- ◯ _____

Nach Start der Motoren

- ◯ Schwebeflug OK
- ◯ Flugverkehr (-)
- ◯ Reaktion RC OK
- ◯ Bildsignal OK
- ◯ Störquellen (-)
- ◯ _____

Flugdaten

Flugnummer

Datum** *(TT.MM.JJJJ)*

Uhrzeit** *(hh:mm)* :

Steuerer** *(Kürzel)*

System /Gerät**

Flugdauer** *(hh:mm)* :

Zweck

Wetter / Wind *(km/h)*

Anzahl Aufstiege**

Aufstiegs- und Einsatzort** *(Adresse / Koordinaten)*

Besonderheiten, Vorkomnisse, Betriebsstörungen**, Notizen

* Unkorrigierte GRC (bzw. ARC) abzüglich Schadensminimierung/ Barrieren
**Pflichtangaben gemäß "Gemeinsame Grundsätze". Die Aufzeichnungen sind 2 Jahre aufzubewahren!

Packliste

- ○ UAV mit Zubehör
- ○ Absperrmaterial
- ○ _____
- ○ Erste-Hilfe-Kit
- ○ Feuerlöscher
- ○ _____
- ○ Dokumente
- ○ Weste / Helm
- ○ _____

SORA

1) **SORA** *nötig?* (+) (-)
2) **GRC** *korrigiert** _____
3) **ARC** *korrigiert** _____
4) **Risikoklasse** _____
5) **ConOps** *erstellt* (+) (-)

Pre-Start-Checkup

- ○ Mental bereit
- ○ Abruf NOTAM
- ○ Genehmigungen
- ○ Flugverbote (-)
- ○ Freigabe Tower
- ○ Akkucheck UAS/RC
- ○ Flugbereich sicher
- ○ Polizei/O-Amt Info
- ○ Kontrollzone (-)
- ○ _____

Vor Start der Motoren

- ○ Beleuchtung OK
- ○ GPS-Signal OK
- ○ RC-Verbindung OK
- ○ Flugmodus OK
- ○ Propeller fest
- ○ _____

Nach Start der Motoren

- ○ Schwebeflug OK
- ○ Flugverkehr (-)
- ○ Reaktion RC OK
- ○ Bildsignal OK
- ○ Störquellen (-)
- ○ _____

Flugdaten

Flugnummer	Datum** *(TT.MM.JJJJ)*	Uhrzeit** *(hh:mm)*
		:
Steuerer** *(Kürzel)*	System /Gerät**	Flugdauer** *(hh:mm)*
		:
Zweck	Wetter / Wind *(km/h)*	Anzahl Aufstiege**

Aufstiegs- und Einsatzort** *(Adresse / Koordinaten)*

Besonderheiten, Vorkommnisse, Betriebsstörungen**, Notizen

* Unkorrigierte GRC (bzw. ARC) abzüglich Schadensminimierung/ Barrieren
**Pflichtangaben gemäß "Gemeinsame Grundsätze". Die Aufzeichnungen sind 2 Jahre aufzubewahren!

Packliste

- ○ UAV mit Zubehör
- ○ Absperrmaterial
- ○ _____
- ○ Erste-Hilfe-Kit
- ○ Feuerlöscher
- ○ _____
- ○ Dokumente
- ○ Weste / Helm
- ○ _____

SORA

1) **SORA** *nötig?* (+) (-)
2) **GRC** *korrigiert** _____
3) **ARC** *korrigiert** _____
4) **Risikoklasse** _____
5) **ConOps** *erstellt* (+) (-)

Pre-Start-Checkup

- ○ Mental bereit
- ○ Abruf NOTAM
- ○ Genehmigungen
- ○ Flugverbote (-)
- ○ Freigabe Tower
- ○ Akkucheck UAS/RC
- ○ Flugbereich sicher
- ○ Polizei/O-Amt Info
- ○ Kontrollzone (-)
- ○ _____

Vor Start der Motoren

- ○ Beleuchtung OK
- ○ GPS-Signal OK
- ○ RC-Verbindung OK
- ○ Flugmodus OK
- ○ Propeller fest
- ○ _____

Nach Start der Motoren

- ○ Schwebeflug OK
- ○ Flugverkehr (-)
- ○ Reaktion RC OK
- ○ Bildsignal OK
- ○ Störquellen (-)
- ○ _____

Flugdaten

Flugnummer

Datum** *(TT.MM.JJJJ)*

Uhrzeit** *(hh:mm)*

Steuerer** *(Kürzel)*

System /Gerät**

Flugdauer** *(hh:mm)*

Zweck

Wetter / Wind *(km/h)*

Anzahl Aufstiege**

Aufstiegs- und Einsatzort** *(Adresse / Koordinaten)*

Besonderheiten, Vorkommnisse, Betriebsstörungen**, Notizen

* Unkorrigierte GRC (bzw. ARC) abzüglich Schadensminimierung/ Barrieren
**Pflichtangaben gemäß "Gemeinsame Grundsätze". Die Aufzeichnungen sind 2 Jahre aufzubewahren!

Packliste

- ◯ UAV mit Zubehör
- ◯ Absperrmaterial
- ◯ _____
- ◯ Erste-Hilfe-Kit
- ◯ Feuerlöscher
- ◯ _____
- ◯ Dokumente
- ◯ Weste / Helm
- ◯ _____

SORA

1) **SORA** *nötig?* (+) (-)
2) **GRC** *korrigiert** _____
3) **ARC** *korrigiert** _____
4) **Risikoklasse** _____
5) **ConOps** *erstellt* (+) (-)

Pre-Start-Checkup

- ◯ Mental bereit
- ◯ Abruf NOTAM
- ◯ Genehmigungen
- ◯ Flugverbote (-)
- ◯ Freigabe Tower
- ◯ Akkucheck UAS/RC
- ◯ Flugbereich sicher
- ◯ Polizei/O-Amt Info
- ◯ Kontrollzone (-)
- ◯ _____

Vor Start der Motoren

- ◯ Beleuchtung OK
- ◯ GPS-Signal OK
- ◯ RC-Verbindung OK
- ◯ Flugmodus OK
- ◯ Propeller fest
- ◯ _____

Nach Start der Motoren

- ◯ Schwebeflug OK
- ◯ Flugverkehr (-)
- ◯ Reaktion RC OK
- ◯ Bildsignal OK
- ◯ Störquellen (-)
- ◯ _____

Flugdaten

Flugnummer	Datum** *(TT.MM.JJJJ)*	Uhrzeit** *(hh:mm)*
		:

Steuerer** *(Kürzel)*	System /Gerät**	Flugdauer** *(hh:mm)*
		:

Zweck	Wetter / Wind *(km/h)*	Anzahl Aufstiege**

Aufstiegs- und Einsatzort** *(Adresse / Koordinaten)*

Besonderheiten, Vorkommnisse, Betriebsstörungen**, Notizen

* Unkorrigierte GRC (bzw. ARC) abzüglich Schadensminimierung/ Barrieren
**Pflichtangaben gemäß "Gemeinsame Grundsätze". Die Aufzeichnungen sind 2 Jahre aufzubewahren!

Packliste

- ◯ UAV mit Zubehör
- ◯ Absperrmaterial
- ◯ _____
- ◯ Erste-Hilfe-Kit
- ◯ Feuerlöscher
- ◯ _____
- ◯ Dokumente
- ◯ Weste / Helm
- ◯ _____

SORA

1) **SORA** *nötig?* (+) (-)
2) **GRC** *korrigiert** _____
3) **ARC** *korrigiert** _____
4) **Risikoklasse** _____
5) **ConOps** *erstellt* (+) (-)

Pre-Start-Checkup

- ◯ Mental bereit
- ◯ Abruf NOTAM
- ◯ Genehmigungen
- ◯ Flugverbote (-)
- ◯ Freigabe Tower
- ◯ Akkucheck UAS/RC
- ◯ Flugbereich sicher
- ◯ Polizei/O-Amt Info
- ◯ Kontrollzone (-)
- ◯ _____

Vor Start der Motoren

- ◯ Beleuchtung OK
- ◯ GPS-Signal OK
- ◯ RC-Verbindung OK
- ◯ Flugmodus OK
- ◯ Propeller fest
- ◯ _____

Nach Start der Motoren

- ◯ Schwebeflug OK
- ◯ Flugverkehr (-)
- ◯ Reaktion RC OK
- ◯ Bildsignal OK
- ◯ Störquellen (-)
- ◯ _____

Flugdaten

Flugnummer	Datum** *(TT.MM.JJJJ)*	Uhrzeit** *(hh:mm)*
		:
Steuerer** *(Kürzel)*	**System /Gerät****	**Flugdauer**** *(hh:mm)*
		:
Zweck	**Wetter / Wind** *(km/h)*	**Anzahl Aufstiege****
	☀ ☁ 🌧	

Aufstiegs- und Einsatzort** *(Adresse / Koordinaten)*

Besonderheiten, Vorkommnisse, Betriebsstörungen**, Notizen

* Unkorrigierte GRC (bzw. ARC) abzüglich Schadensminimierung/ Barrieren
**Pflichtangaben gemäß "Gemeinsame Grundsätze". Die Aufzeichnungen sind 2 Jahre aufzubewahren!

Packliste

- ◯ UAV mit Zubehör
- ◯ Absperrmaterial
- ◯ _____
- ◯ Erste-Hilfe-Kit
- ◯ Feuerlöscher
- ◯ _____
- ◯ Dokumente
- ◯ Weste / Helm
- ◯ _____

SORA

1) **SORA** *nötig?* (+) (−)
2) **GRC** *korrigiert** _____
3) **ARC** *korrigiert** _____
4) **Risikoklasse** _____
5) **ConOps** *erstellt* (+) (−)

Pre-Start-Checkup

- ◯ Mental bereit
- ◯ Abruf NOTAM
- ◯ Genehmigungen
- ◯ Flugverbote (−)
- ◯ Freigabe Tower
- ◯ Akkucheck UAS/RC
- ◯ Flugbereich sicher
- ◯ Polizei/O-Amt Info
- ◯ Kontrollzone (−)
- ◯ _____

Vor Start der Motoren

- ◯ Beleuchtung OK
- ◯ GPS-Signal OK
- ◯ RC-Verbindung OK
- ◯ Flugmodus OK
- ◯ Propeller fest
- ◯ _____

Nach Start der Motoren

- ◯ Schwebeflug OK
- ◯ Flugverkehr (−)
- ◯ Reaktion RC OK
- ◯ Bildsignal OK
- ◯ Störquellen (−)
- ◯ _____

Flugdaten

Flugnummer	Datum** *(TT.MM.JJJJ)*	Uhrzeit** *(hh:mm)*
		:

Steuerer** *(Kürzel)*	System /Gerät**	Flugdauer** *(hh:mm)*
		:

Zweck	Wetter / Wind *(km/h)*	Anzahl Aufstiege**

Aufstiegs- und Einsatzort** *(Adresse / Koordinaten)*

Besonderheiten, Vorkommnisse, Betriebsstörungen**, Notizen

* Unkorrigierte GRC (bzw. ARC) abzüglich Schadensminimierung/ Barrieren
**Pflichtangaben gemäß "Gemeinsame Grundsätze". Die Aufzeichnungen sind 2 Jahre aufzubewahren!

Packliste

- ◯ UAV mit Zubehör
- ◯ Absperrmaterial
- ◯ _____
- ◯ Erste-Hilfe-Kit
- ◯ Feuerlöscher
- ◯ _____
- ◯ Dokumente
- ◯ Weste / Helm
- ◯ _____

SORA

1) **SORA** *nötig?* (+) (-)
2) **GRC** *korrigiert** _____
3) **ARC** *korrigiert** _____
4) **Risikoklasse** _____
5) **ConOps** *erstellt* (+) (-)

Pre-Start-Checkup

- ◯ Mental bereit
- ◯ Abruf NOTAM
- ◯ Genehmigungen
- ◯ Flugverbote (-)
- ◯ Freigabe Tower
- ◯ Akkucheck UAS/RC
- ◯ Flugbereich sicher
- ◯ Polizei/O-Amt Info
- ◯ Kontrollzone (-)
- ◯ _____

Vor Start der Motoren

- ◯ Beleuchtung OK
- ◯ GPS-Signal OK
- ◯ RC-Verbindung OK
- ◯ Flugmodus OK
- ◯ Propeller fest
- ◯ _____

Nach Start der Motoren

- ◯ Schwebeflug OK
- ◯ Flugverkehr (-)
- ◯ Reaktion RC OK
- ◯ Bildsignal OK
- ◯ Störquellen (-)
- ◯ _____

Flugdaten

Flugnummer

Datum** *(TT.MM.JJJJ)*

Uhrzeit** *(hh:mm)* :

Steuerer** *(Kürzel)*

System /Gerät**

Flugdauer** *(hh:mm)* :

Zweck

Wetter / Wind *(km/h)*

Anzahl Aufstiege**

Aufstiegs- und Einsatzort** *(Adresse / Koordinaten)*

Besonderheiten, Vorkommnisse, Betriebsstörungen**, Notizen

* Unkorrigierte GRC (bzw. ARC) abzüglich Schadensminimierung/ Barrieren
**Pflichtangaben gemäß "Gemeinsame Grundsätze". Die Aufzeichnungen sind 2 Jahre aufzubewahren!

Packliste

- ○ UAV mit Zubehör
- ○ Erste-Hilfe-Kit
- ○ Dokumente
- ○ Absperrmaterial
- ○ Feuerlöscher
- ○ Weste / Helm
- ○ _____
- ○ _____
- ○ _____

SORA Pre-Start-Checkup

1) **SORA** *nötig?* (+) (-)
2) **GRC** *korrigiert** ____
3) **ARC** *korrigiert** ____
4) **Risikoklasse** ____
5) **ConOps** *erstellt* (+) (-)

- ○ Mental bereit
- ○ Abruf NOTAM
- ○ Genehmigungen
- ○ Flugverbote (-)
- ○ Freigabe Tower
- ○ Akkucheck UAS/RC
- ○ Flugbereich sicher
- ○ Polizei/O-Amt Info
- ○ Kontrollzone (-)
- ○ _____

Vor Start der Motoren

- ○ Beleuchtung OK
- ○ RC-Verbindung OK
- ○ Propeller fest
- ○ GPS-Signal OK
- ○ Flugmodus OK
- ○ _____

Nach Start der Motoren

- ○ Schwebeflug OK
- ○ Reaktion RC OK
- ○ Störquellen (-)
- ○ Flugverkehr (-)
- ○ Bildsignal OK
- ○ _____

Flugdaten

Flugnummer

Datum** *(TT.MM.JJJJ)*

Uhrzeit** *(hh:mm)*

Steuerer** *(Kürzel)*

System /Gerät**

Flugdauer** *(hh:mm)*

Zweck

Wetter / Wind *(km/h)*

Anzahl Aufstiege**

Aufstiegs- und Einsatzort** *(Adresse / Koordinaten)*

Besonderheiten, Vorkommnisse, Betriebsstörungen**, Notizen

* Unkorrigierte GRC (bzw. ARC) abzüglich Schadensminimierung/ Barrieren
**Pflichtangaben gemäß "Gemeinsame Grundsätze". Die Aufzeichnungen sind 2 Jahre aufzubewahren!

Packliste

- ◯ UAV mit Zubehör
- ◯ Absperrmaterial
- ◯ _____
- ◯ Erste-Hilfe-Kit
- ◯ Feuerlöscher
- ◯ _____
- ◯ Dokumente
- ◯ Weste / Helm
- ◯ _____

SORA

1) **SORA** *nötig?* (+) (−)
2) **GRC** *korrigiert** ____
3) **ARC** *korrigiert** ____
4) **Risikoklasse** ____
5) **ConOps** *erstellt* (+) (−)

Pre-Start-Checkup

- ◯ Mental bereit
- ◯ Abruf NOTAM
- ◯ Genehmigungen
- ◯ Flugverbote (−)
- ◯ Freigabe Tower
- ◯ Akkucheck UAS/RC
- ◯ Flugbereich sicher
- ◯ Polizei/O-Amt Info
- ◯ Kontrollzone (−)
- ◯ _____

Vor Start der Motoren

- ◯ Beleuchtung OK
- ◯ GPS-Signal OK
- ◯ RC-Verbindung OK
- ◯ Flugmodus OK
- ◯ Propeller fest
- ◯ _____

Nach Start der Motoren

- ◯ Schwebeflug OK
- ◯ Flugverkehr (−)
- ◯ Reaktion RC OK
- ◯ Bildsignal OK
- ◯ Störquellen (−)
- ◯ _____

Flugdaten

Flugnummer	Datum** *(TT.MM.JJJJ)*	Uhrzeit** *(hh:mm)*
		:

Steuerer** *(Kürzel)*	System /Gerät**	Flugdauer** *(hh:mm)*
		:

Zweck	Wetter / Wind *(km/h)*	Anzahl Aufstiege**
	☀ ☁ 🌧	

Aufstiegs- und Einsatzort** *(Adresse / Koordinaten)*

Besonderheiten, Vorkommnisse, Betriebsstörungen**, Notizen

* Unkorrigierte GRC (bzw. ARC) abzüglich Schadensminimierung/ Barrieren
**Pflichtangaben gemäß "Gemeinsame Grundsätze". Die Aufzeichnungen sind 2 Jahre aufzubewahren!

Packliste

- ◯ UAV mit Zubehör
- ◯ Absperrmaterial
- ◯ _____
- ◯ Erste-Hilfe-Kit
- ◯ Feuerlöscher
- ◯ _____
- ◯ Dokumente
- ◯ Weste / Helm
- ◯ _____

SORA

1) **SORA** *nötig?* (+) (−)
2) **GRC** *korrigiert** _____
3) **ARC** *korrigiert** _____
4) **Risikoklasse** _____
5) **ConOps** *erstellt* (+) (−)

Pre-Start-Checkup

- ◯ Mental bereit
- ◯ Abruf NOTAM
- ◯ Genehmigungen
- ◯ Flugverbote (−)
- ◯ Freigabe Tower
- ◯ Akkucheck UAS/RC
- ◯ Flugbereich sicher
- ◯ Polizei/O-Amt Info
- ◯ Kontrollzone (−)
- ◯ _____

Vor Start der Motoren

- ◯ Beleuchtung OK
- ◯ GPS-Signal OK
- ◯ RC-Verbindung OK
- ◯ Flugmodus OK
- ◯ Propeller fest
- ◯ _____

Nach Start der Motoren

- ◯ Schwebeflug OK
- ◯ Flugverkehr (−)
- ◯ Reaktion RC OK
- ◯ Bildsignal OK
- ◯ Störquellen (−)
- ◯ _____

Flugdaten

Flugnummer	Datum** *(TT.MM.JJJJ)*	Uhrzeit** *(hh:mm)*
		:
Steuerer** *(Kürzel)*	System /Gerät**	Flugdauer** *(hh:mm)*
		:
Zweck	Wetter / Wind *(km/h)*	Anzahl Aufstiege**

Aufstiegs- und Einsatzort** *(Adresse / Koordinaten)*

Besonderheiten, Vorkommnisse, Betriebsstörungen**, Notizen

* Unkorrigierte GRC (bzw. ARC) abzüglich Schadensminimierung/ Barrieren
**Pflichtangaben gemäß "Gemeinsame Grundsätze". Die Aufzeichnungen sind 2 Jahre aufzubewahren!

Packliste

- ◯ UAV mit Zubehör
- ◯ Absperrmaterial
- ◯ _____
- ◯ Erste-Hilfe-Kit
- ◯ Feuerlöscher
- ◯ _____
- ◯ Dokumente
- ◯ Weste / Helm
- ◯ _____

SORA

1) **SORA** *nötig?* (+) (−)
2) **GRC** *korrigiert** _____
3) **ARC** *korrigiert** _____
4) **Risikoklasse** _____
5) **ConOps** *erstellt* (+) (−)

Pre-Start-Checkup

- ◯ Mental bereit
- ◯ Abruf NOTAM
- ◯ Genehmigungen
- ◯ Flugverbote (−)
- ◯ Freigabe Tower
- ◯ Akkucheck UAS/RC
- ◯ Flugbereich sicher
- ◯ Polizei/O-Amt Info
- ◯ Kontrollzone (−)
- ◯ _____

Vor Start der Motoren

- ◯ Beleuchtung OK
- ◯ GPS-Signal OK
- ◯ RC-Verbindung OK
- ◯ Flugmodus OK
- ◯ Propeller fest
- ◯ _____

Nach Start der Motoren

- ◯ Schwebeflug OK
- ◯ Flugverkehr (−)
- ◯ Reaktion RC OK
- ◯ Bildsignal OK
- ◯ Störquellen (−)
- ◯ _____

Flugdaten

Flugnummer	Datum** *(TT.MM.JJJJ)*	Uhrzeit** *(hh:mm)*
		:

Steuerer** *(Kürzel)*	System /Gerät**	Flugdauer** *(hh:mm)*
		:

Zweck	Wetter / Wind *(km/h)*	Anzahl Aufstiege**
	☀ ☁ 🌧	

Aufstiegs- und Einsatzort** *(Adresse / Koordinaten)*

Besonderheiten, Vorkommnisse, Betriebsstörungen**, Notizen

* Unkorrigierte GRC (bzw. ARC) abzüglich Schadensminimierung/ Barrieren
**Pflichtangaben gemäß "Gemeinsame Grundsätze". Die Aufzeichnungen sind 2 Jahre aufzubewahren!

Packliste

- ○ UAV mit Zubehör
- ○ Absperrmaterial
- ○ _____
- ○ Erste-Hilfe-Kit
- ○ Feuerlöscher
- ○ _____
- ○ Dokumente
- ○ Weste / Helm
- ○ _____

SORA   Pre-Start-Checkup

1) **SORA** *nötig?* (+) (-)
2) **GRC** *korrigiert** _____
3) **ARC** *korrigiert** _____
4) **Risikoklasse** _____
5) **ConOps** *erstellt* (+) (-)

- ○ Mental bereit
- ○ Abruf NOTAM
- ○ Genehmigungen
- ○ Flugverbote (-)
- ○ Freigabe Tower
- ○ Akkucheck UAS/RC
- ○ Flugbereich sicher
- ○ Polizei/O-Amt Info
- ○ Kontrollzone (-)
- ○ _____

Vor Start der Motoren

- ○ Beleuchtung OK
- ○ GPS-Signal OK
- ○ RC-Verbindung OK
- ○ Flugmodus OK
- ○ Propeller fest
- ○ _____

Nach Start der Motoren

- ○ Schwebeflug OK
- ○ Flugverkehr (-)
- ○ Reaktion RC OK
- ○ Bildsignal OK
- ○ Störquellen (-)
- ○ _____

Flugdaten

Flugnummer	Datum** *(TT.MM.JJJJ)*	Uhrzeit** *(hh:mm)*
		:

Steuerer** *(Kürzel)*	System /Gerät**	Flugdauer** *(hh:mm)*
		:

Zweck	Wetter / Wind *(km/h)*	Anzahl Aufstiege**

Aufstiegs- und Einsatzort** *(Adresse / Koordinaten)*

Besonderheiten, Vorkommnisse, Betriebsstörungen**, Notizen

* Unkorrigierte GRC (bzw. ARC) abzüglich Schadensminimierung/ Barrieren
**Pflichtangaben gemäß "Gemeinsame Grundsätze". Die Aufzeichnungen sind 2 Jahre aufzubewahren!

Packliste

- ○ UAV mit Zubehör
- ○ Erste-Hilfe-Kit
- ○ Dokumente
- ○ Absperrmaterial
- ○ Feuerlöscher
- ○ Weste / Helm
- ○ _____
- ○ _____
- ○ _____

SORA

1) **SORA** *nötig?* (+) (-)
2) **GRC** *korrigiert** _____
3) **ARC** *korrigiert** _____
4) **Risikoklasse** _____
5) **ConOps** *erstellt* (+) (-)

Pre-Start-Checkup

- ○ Mental bereit
- ○ Abruf NOTAM
- ○ Genehmigungen
- ○ Flugverbote (-)
- ○ Freigabe Tower
- ○ Akkucheck UAS/RC
- ○ Flugbereich sicher
- ○ Polizei/O-Amt Info
- ○ Kontrollzone (-)
- ○ _____

Vor Start der Motoren

- ○ Beleuchtung OK
- ○ RC-Verbindung OK
- ○ Propeller fest
- ○ GPS-Signal OK
- ○ Flugmodus OK
- ○ _____

Nach Start der Motoren

- ○ Schwebeflug OK
- ○ Reaktion RC OK
- ○ Störquellen (-)
- ○ Flugverkehr (-)
- ○ Bildsignal OK
- ○ _____

Flugdaten

Flugnummer	Datum** *(TT.MM.JJJJ)*	Uhrzeit** *(hh:mm)*
		:

Steuerer** *(Kürzel)*	System /Gerät**	Flugdauer** *(hh:mm)*
		:

Zweck	Wetter / Wind *(km/h)* ☀️ ☁️ 🌧️	Anzahl Aufstiege**

Aufstiegs- und Einsatzort** *(Adresse / Koordinaten)*

Besonderheiten, Vorkommnisse, Betriebsstörungen**, Notizen

* Unkorrigierte GRC (bzw. ARC) abzüglich Schadensminimierung/ Barrieren
**Pflichtangaben gemäß "Gemeinsame Grundsätze". Die Aufzeichnungen sind 2 Jahre aufzubewahren!

Packliste

- ◯ UAV mit Zubehör
- ◯ Absperrmaterial
- ◯ _____
- ◯ Erste-Hilfe-Kit
- ◯ Feuerlöscher
- ◯ _____
- ◯ Dokumente
- ◯ Weste / Helm
- ◯ _____

SORA

1) **SORA** *nötig?* (+) (−)
2) **GRC** *korrigiert** _____
3) **ARC** *korrigiert** _____
4) **Risikoklasse** _____
5) **ConOps** *erstellt* (+) (−)

Pre-Start-Checkup

- ◯ Mental bereit
- ◯ Abruf NOTAM
- ◯ Genehmigungen
- ◯ Flugverbote (−)
- ◯ Freigabe Tower
- ◯ Akkucheck UAS/RC
- ◯ Flugbereich sicher
- ◯ Polizei/O-Amt Info
- ◯ Kontrollzone (−)
- ◯ _____

Vor Start der Motoren

- ◯ Beleuchtung OK
- ◯ GPS-Signal OK
- ◯ RC-Verbindung OK
- ◯ Flugmodus OK
- ◯ Propeller fest
- ◯ _____

Nach Start der Motoren

- ◯ Schwebeflug OK
- ◯ Flugverkehr (−)
- ◯ Reaktion RC OK
- ◯ Bildsignal OK
- ◯ Störquellen (−)
- ◯ _____

Flugdaten

Flugnummer	Datum** *(TT.MM.JJJJ)*	Uhrzeit** *(hh:mm)*
		:
Steuerer** *(Kürzel)*	System / Gerät**	Flugdauer** *(hh:mm)*
		:
Zweck	Wetter / Wind *(km/h)*	Anzahl Aufstiege**
	☀ ☁ 🌬	

Aufstiegs- und Einsatzort** *(Adresse / Koordinaten)*

Besonderheiten, Vorkommnisse, Betriebsstörungen**, Notizen

* Unkorrigierte GRC (bzw. ARC) abzüglich Schadensminimierung/ Barrieren
**Pflichtangaben gemäß "Gemeinsame Grundsätze". Die Aufzeichnungen sind 2 Jahre aufzubewahren!

Packliste

- ◯ UAV mit Zubehör
- ◯ Absperrmaterial
- ◯ _____
- ◯ Erste-Hilfe-Kit
- ◯ Feuerlöscher
- ◯ _____
- ◯ Dokumente
- ◯ Weste / Helm
- ◯ _____

SORA

1) **SORA** *nötig?* (+) (-)
2) **GRC** *korrigiert** ____
3) **ARC** *korrigiert** ____
4) **Risikoklasse** ____
5) **ConOps** *erstellt* (+) (-)

Pre-Start-Checkup

- ◯ Mental bereit
- ◯ Abruf NOTAM
- ◯ Genehmigungen
- ◯ Flugverbote (-)
- ◯ Freigabe Tower
- ◯ Akkucheck UAS/RC
- ◯ Flugbereich sicher
- ◯ Polizei/O-Amt Info
- ◯ Kontrollzone (-)
- ◯ _____

Vor Start der Motoren

- ◯ Beleuchtung OK
- ◯ GPS-Signal OK
- ◯ RC-Verbindung OK
- ◯ Flugmodus OK
- ◯ Propeller fest
- ◯ _____

Nach Start der Motoren

- ◯ Schwebeflug OK
- ◯ Flugverkehr (-)
- ◯ Reaktion RC OK
- ◯ Bildsignal OK
- ◯ Störquellen (-)
- ◯ _____

Flugdaten

Flugnummer	Datum** *(TT.MM.JJJJ)*	Uhrzeit** *(hh:mm)*
		:

Steuerer** *(Kürzel)*	System /Gerät**	Flugdauer** *(hh:mm)*
		:

Zweck	Wetter / Wind *(km/h)* ☀ ☁ 🌧	Anzahl Aufstiege**

Aufstiegs- und Einsatzort** *(Adresse / Koordinaten)*

Besonderheiten, Vorkommnisse, Betriebsstörungen**, Notizen

* Unkorrigierte GRC (bzw. ARC) abzüglich Schadensminimierung/ Barrieren
**Pflichtangaben gemäß "Gemeinsame Grundsätze". Die Aufzeichnungen sind 2 Jahre aufzubewahren!

Packliste

- ◯ UAV mit Zubehör
- ◯ Absperrmaterial
- ◯ _____
- ◯ Erste-Hilfe-Kit
- ◯ Feuerlöscher
- ◯ _____
- ◯ Dokumente
- ◯ Weste / Helm
- ◯ _____

SORA

1) **SORA** *nötig?* (+) (-)
2) **GRC** *korrigiert** _____
3) **ARC** *korrigiert** _____
4) **Risikoklasse** _____
5) **ConOps** *erstellt* (+) (-)

Pre-Start-Checkup

- ◯ Mental bereit
- ◯ Abruf NOTAM
- ◯ Genehmigungen
- ◯ Flugverbote (-)
- ◯ Freigabe Tower
- ◯ Akkucheck UAS/RC
- ◯ Flugbereich sicher
- ◯ Polizei/O-Amt Info
- ◯ Kontrollzone (-)
- ◯ _____

Vor Start der Motoren

- ◯ Beleuchtung OK
- ◯ GPS-Signal OK
- ◯ RC-Verbindung OK
- ◯ Flugmodus OK
- ◯ Propeller fest
- ◯ _____

Nach Start der Motoren

- ◯ Schwebeflug OK
- ◯ Flugverkehr (-)
- ◯ Reaktion RC OK
- ◯ Bildsignal OK
- ◯ Störquellen (-)
- ◯ _____

Flugdaten

Flugnummer	Datum** *(TT.MM.JJJJ)*	Uhrzeit** *(hh:mm)*
		:
Steuerer** *(Kürzel)*	**System /Gerät****	**Flugdauer**** *(hh:mm)*
		:
Zweck	Wetter / Wind *(km/h)*	Anzahl Aufstiege**
	☀ ☁ 🌧	

Aufstiegs- und Einsatzort** *(Adresse / Koordinaten)*

Besonderheiten, Vorkommnisse, Betriebsstörungen**, Notizen

* Unkorrigierte GRC (bzw. ARC) abzüglich Schadensminimierung/ Barrieren
**Pflichtangaben gemäß "Gemeinsame Grundsätze". Die Aufzeichnungen sind 2 Jahre aufzubewahren!

Packliste

- ○ UAV mit Zubehör
- ○ Absperrmaterial
- ○ _____

- ○ Erste-Hilfe-Kit
- ○ Feuerlöscher
- ○ _____

- ○ Dokumente
- ○ Weste / Helm
- ○ _____

SORA

1) **SORA** *nötig?* (+) (-)
2) **GRC** *korrigiert** _____
3) **ARC** *korrigiert** _____
4) **Risikoklasse** _____
5) **ConOps** *erstellt* (+) (-)

Pre-Start-Checkup

- ○ Mental bereit
- ○ Abruf NOTAM
- ○ Genehmigungen
- ○ Flugverbote (-)
- ○ Freigabe Tower

- ○ Akkucheck UAS/RC
- ○ Flugbereich sicher
- ○ Polizei/O-Amt Info
- ○ Kontrollzone (-)
- ○ _____

Vor Start der Motoren

- ○ Beleuchtung OK
- ○ GPS-Signal OK
- ○ RC-Verbindung OK
- ○ Flugmodus OK
- ○ Propeller fest
- ○ _____

Nach Start der Motoren

- ○ Schwebeflug OK
- ○ Flugverkehr (-)
- ○ Reaktion RC OK
- ○ Bildsignal OK
- ○ Störquellen (-)
- ○ _____

Flugdaten

Flugnummer

Datum** *(TT.MM.JJJJ)*

Uhrzeit** *(hh:mm)*

Steuerer** *(Kürzel)*

System /Gerät**

Flugdauer** *(hh:mm)*

Zweck

Wetter / Wind *(km/h)*

Anzahl Aufstiege**

Aufstiegs- und Einsatzort** *(Adresse / Koordinaten)*

Besonderheiten, Vorkomnisse, Betriebsstörungen**, Notizen

* Unkorrigierte GRC (bzw. ARC) abzüglich Schadensminimierung/ Barrieren
**Pflichtangaben gemäß "Gemeinsame Grundsätze". Die Aufzeichnungen sind 2 Jahre aufzubewahren!

Packliste

- ◯ UAV mit Zubehör
- ◯ Absperrmaterial
- ◯ _____
- ◯ Erste-Hilfe-Kit
- ◯ Feuerlöscher
- ◯ _____
- ◯ Dokumente
- ◯ Weste / Helm
- ◯ _____

SORA

1) **SORA** *nötig?* (+) (-)
2) **GRC** *korrigiert** _____
3) **ARC** *korrigiert** _____
4) **Risikoklasse** _____
5) **ConOps** *erstellt* (+) (-)

Pre-Start-Checkup

- ◯ Mental bereit
- ◯ Abruf NOTAM
- ◯ Genehmigungen
- ◯ Flugverbote (-)
- ◯ Freigabe Tower
- ◯ Akkucheck UAS/RC
- ◯ Flugbereich sicher
- ◯ Polizei/O-Amt Info
- ◯ Kontrollzone (-)
- ◯ _____

Vor Start der Motoren

- ◯ Beleuchtung OK
- ◯ GPS-Signal OK
- ◯ RC-Verbindung OK
- ◯ Flugmodus OK
- ◯ Propeller fest
- ◯ _____

Nach Start der Motoren

- ◯ Schwebeflug OK
- ◯ Flugverkehr (-)
- ◯ Reaktion RC OK
- ◯ Bildsignal OK
- ◯ Störquellen (-)
- ◯ _____

Flugdaten

Flugnummer

Datum** *(TT.MM.JJJJ)*

Uhrzeit** *(hh:mm)*

Steuerer** *(Kürzel)*

System /Gerät**

Flugdauer** *(hh:mm)*

Zweck

Wetter / Wind *(km/h)*

Anzahl Aufstiege**

Aufstiegs- und Einsatzort** *(Adresse / Koordinaten)*

Besonderheiten, Vorkommnisse, Betriebsstörungen**, Notizen

* Unkorrigierte GRC (bzw. ARC) abzüglich Schadensminimierung/ Barrieren
**Pflichtangaben gemäß "Gemeinsame Grundsätze". Die Aufzeichnungen sind 2 Jahre aufzubewahren!

Packliste

- ○ UAV mit Zubehör
- ○ Absperrmaterial
- ○ _____
- ○ Erste-Hilfe-Kit
- ○ Feuerlöscher
- ○ _____
- ○ Dokumente
- ○ Weste / Helm
- ○ _____

SORA

1) **SORA** *nötig?* (+) (-)
2) **GRC** *korrigiert** ____
3) **ARC** *korrigiert** ____
4) **Risikoklasse** ____
5) **ConOps** *erstellt* (+) (-)

Pre-Start-Checkup

- ○ Mental bereit
- ○ Abruf NOTAM
- ○ Genehmigungen
- ○ Flugverbote (-)
- ○ Freigabe Tower
- ○ Akkucheck UAS/RC
- ○ Flugbereich sicher
- ○ Polizei/O-Amt Info
- ○ Kontrollzone (-)
- ○ _____

Vor Start der Motoren

- ○ Beleuchtung OK
- ○ GPS-Signal OK
- ○ RC-Verbindung OK
- ○ Flugmodus OK
- ○ Propeller fest
- ○ _____

Nach Start der Motoren

- ○ Schwebeflug OK
- ○ Flugverkehr (-)
- ○ Reaktion RC OK
- ○ Bildsignal OK
- ○ Störquellen (-)
- ○ _____

Flugdaten

Flugnummer

Datum** *(TT.MM.JJJJ)*

Uhrzeit** *(hh:mm)* :

Steuerer** *(Kürzel)*

System /Gerät**

Flugdauer** *(hh:mm)* :

Zweck

Wetter / Wind *(km/h)*

Anzahl Aufstiege**

Aufstiegs- und Einsatzort** *(Adresse / Koordinaten)*

Besonderheiten, Vorkommnisse, Betriebsstörungen**, Notizen

* Unkorrigierte GRC (bzw. ARC) abzüglich Schadensminimierung/ Barrieren
**Pflichtangaben gemäß "Gemeinsame Grundsätze". Die Aufzeichnungen sind 2 Jahre aufzubewahren!

Packliste

- ◯ UAV mit Zubehör
- ◯ Absperrmaterial
- ◯ _____
- ◯ Erste-Hilfe-Kit
- ◯ Feuerlöscher
- ◯ _____
- ◯ Dokumente
- ◯ Weste / Helm
- ◯ _____

SORA

1) **SORA** *nötig?* (+) (−)
2) **GRC** *korrigiert** _____
3) **ARC** *korrigiert** _____
4) **Risikoklasse** _____
5) **ConOps** *erstellt* (+) (−)

Pre-Start-Checkup

- ◯ Mental bereit
- ◯ Abruf NOTAM
- ◯ Genehmigungen
- ◯ Flugverbote (−)
- ◯ Freigabe Tower
- ◯ Akkucheck UAS/RC
- ◯ Flugbereich sicher
- ◯ Polizei/O-Amt Info
- ◯ Kontrollzone (−)
- ◯ _____

Vor Start der Motoren

- ◯ Beleuchtung OK
- ◯ GPS-Signal OK
- ◯ RC-Verbindung OK
- ◯ Flugmodus OK
- ◯ Propeller fest
- ◯ _____

Nach Start der Motoren

- ◯ Schwebeflug OK
- ◯ Flugverkehr (−)
- ◯ Reaktion RC OK
- ◯ Bildsignal OK
- ◯ Störquellen (−)
- ◯ _____

Flugdaten

Flugnummer	Datum** *(TT.MM.JJJJ)*	Uhrzeit** *(hh:mm)*
		:

Steuerer** *(Kürzel)*	System /Gerät**	Flugdauer** *(hh:mm)*
		:

Zweck	Wetter / Wind *(km/h)*	Anzahl Aufstiege**

Aufstiegs- und Einsatzort** *(Adresse / Koordinaten)*

Besonderheiten, Vorkommnisse, Betriebsstörungen**, Notizen

* Unkorrigierte GRC (bzw. ARC) abzüglich Schadensminimierung/ Barrieren
**Pflichtangaben gemäß "Gemeinsame Grundsätze". Die Aufzeichnungen sind 2 Jahre aufzubewahren!

Packliste

- ◯ UAV mit Zubehör
- ◯ Absperrmaterial
- ◯ _____
- ◯ Erste-Hilfe-Kit
- ◯ Feuerlöscher
- ◯ _____
- ◯ Dokumente
- ◯ Weste / Helm
- ◯ _____

SORA

1) **SORA** *nötig?* (+) (-)
2) **GRC** *korrigiert** _____
3) **ARC** *korrigiert** _____
4) **Risikoklasse** _____
5) **ConOps** *erstellt* (+) (-)

Pre-Start-Checkup

- ◯ Mental bereit
- ◯ Abruf NOTAM
- ◯ Genehmigungen
- ◯ Flugverbote (-)
- ◯ Freigabe Tower
- ◯ Akkucheck UAS/RC
- ◯ Flugbereich sicher
- ◯ Polizei/O-Amt Info
- ◯ Kontrollzone (-)
- ◯ _____

Vor Start der Motoren

- ◯ Beleuchtung OK
- ◯ GPS-Signal OK
- ◯ RC-Verbindung OK
- ◯ Flugmodus OK
- ◯ Propeller fest
- ◯ _____

Nach Start der Motoren

- ◯ Schwebeflug OK
- ◯ Flugverkehr (-)
- ◯ Reaktion RC OK
- ◯ Bildsignal OK
- ◯ Störquellen (-)
- ◯ _____

Flugdaten

Flugnummer

Datum** *(TT.MM.JJJJ)*

Uhrzeit** *(hh:mm)*

Steuerer** *(Kürzel)*

System /Gerät**

Flugdauer** *(hh:mm)*

Zweck

Wetter / Wind *(km/h)*

Anzahl Aufstiege**

Aufstiegs- und Einsatzort** *(Adresse / Koordinaten)*

Besonderheiten, Vorkommnisse, Betriebsstörungen**, Notizen

* Unkorrigierte GRC (bzw. ARC) abzüglich Schadensminimierung/ Barrieren
**Pflichtangaben gemäß "Gemeinsame Grundsätze". Die Aufzeichnungen sind 2 Jahre aufzubewahren!

Packliste

- ○ UAV mit Zubehör
- ○ Absperrmaterial
- ○ _____
- ○ Erste-Hilfe-Kit
- ○ Feuerlöscher
- ○ _____
- ○ Dokumente
- ○ Weste / Helm
- ○ _____

SORA

1) **SORA** *nötig?* (+) (-)
2) **GRC** *korrigiert** _____
3) **ARC** *korrigiert** _____
4) **Risikoklasse** _____
5) **ConOps** *erstellt* (+) (-)

Pre-Start-Checkup

- ○ Mental bereit
- ○ Abruf NOTAM
- ○ Genehmigungen
- ○ Flugverbote (-)
- ○ Freigabe Tower
- ○ Akkucheck UAS/RC
- ○ Flugbereich sicher
- ○ Polizei/O-Amt Info
- ○ Kontrollzone (-)
- ○ _____

Vor Start der Motoren

- ○ Beleuchtung OK
- ○ GPS-Signal OK
- ○ RC-Verbindung OK
- ○ Flugmodus OK
- ○ Propeller fest
- ○ _____

Nach Start der Motoren

- ○ Schwebeflug OK
- ○ Flugverkehr (-)
- ○ Reaktion RC OK
- ○ Bildsignal OK
- ○ Störquellen (-)
- ○ _____

Flugdaten

Flugnummer

Datum** *(TT.MM.JJJJ)*

Uhrzeit** *(hh:mm)*

Steuerer** *(Kürzel)*

System /Gerät**

Flugdauer** *(hh:mm)*

Zweck

Wetter / Wind *(km/h)*

Anzahl Aufstiege**

Aufstiegs- und Einsatzort** *(Adresse / Koordinaten)*

Besonderheiten, Vorkommnisse, Betriebsstörungen**, Notizen

* Unkorrigierte GRC (bzw. ARC) abzüglich Schadensminimierung/ Barrieren
**Pflichtangaben gemäß "Gemeinsame Grundsätze". Die Aufzeichnungen sind 2 Jahre aufzubewahren!

Packliste

- ◯ UAV mit Zubehör
- ◯ Absperrmaterial
- ◯ _____
- ◯ Erste-Hilfe-Kit
- ◯ Feuerlöscher
- ◯ _____
- ◯ Dokumente
- ◯ Weste / Helm
- ◯ _____

SORA

1) **SORA** *nötig?* (+) (-)
2) **GRC** *korrigiert** _____
3) **ARC** *korrigiert** _____
4) **Risikoklasse** _____
5) **ConOps** *erstellt* (+) (-)

Pre-Start-Checkup

- ◯ Mental bereit
- ◯ Abruf NOTAM
- ◯ Genehmigungen
- ◯ Flugverbote (-)
- ◯ Freigabe Tower
- ◯ Akkucheck UAS/RC
- ◯ Flugbereich sicher
- ◯ Polizei/O-Amt Info
- ◯ Kontrollzone (-)
- ◯ _____

Vor Start der Motoren

- ◯ Beleuchtung OK
- ◯ GPS-Signal OK
- ◯ RC-Verbindung OK
- ◯ Flugmodus OK
- ◯ Propeller fest
- ◯ _____

Nach Start der Motoren

- ◯ Schwebeflug OK
- ◯ Flugverkehr (-)
- ◯ Reaktion RC OK
- ◯ Bildsignal OK
- ◯ Störquellen (-)
- ◯ _____

Flugdaten

Flugnummer

Datum** *(TT.MM.JJJJ)*

Uhrzeit** *(hh:mm)*

Steuerer** *(Kürzel)*

System /Gerät**

Flugdauer** *(hh:mm)*

Zweck

Wetter / Wind *(km/h)*

Anzahl Aufstiege**

Aufstiegs- und Einsatzort** *(Adresse / Koordinaten)*

Besonderheiten, Vorkomnisse, Betriebsstörungen**, Notizen

* Unkorrigierte GRC (bzw. ARC) abzüglich Schadensminimierung/ Barrieren
**Pflichtangaben gemäß "Gemeinsame Grundsätze". Die Aufzeichnungen sind 2 Jahre aufzubewahren!

Packliste

- ◯ UAV mit Zubehör
- ◯ Absperrmaterial
- ◯ _____
- ◯ Erste-Hilfe-Kit
- ◯ Feuerlöscher
- ◯ _____
- ◯ Dokumente
- ◯ Weste / Helm
- ◯ _____

SORA

1) **SORA** *nötig?* (+) (-)
2) **GRC** *korrigiert** _____
3) **ARC** *korrigiert** _____
4) **Risikoklasse** _____
5) **ConOps** *erstellt* (+) (-)

Pre-Start-Checkup

- ◯ Mental bereit
- ◯ Abruf NOTAM
- ◯ Genehmigungen
- ◯ Flugverbote (-)
- ◯ Freigabe Tower
- ◯ Akkucheck UAS/RC
- ◯ Flugbereich sicher
- ◯ Polizei/O-Amt Info
- ◯ Kontrollzone (-)
- ◯ _____

Vor Start der Motoren

- ◯ Beleuchtung OK
- ◯ GPS-Signal OK
- ◯ RC-Verbindung OK
- ◯ Flugmodus OK
- ◯ Propeller fest
- ◯ _____

Nach Start der Motoren

- ◯ Schwebeflug OK
- ◯ Flugverkehr (-)
- ◯ Reaktion RC OK
- ◯ Bildsignal OK
- ◯ Störquellen (-)
- ◯ _____

Flugdaten

Flugnummer

Datum** *(TT.MM.JJJJ)*

Uhrzeit** *(hh:mm)*

Steuerer** *(Kürzel)*

System /Gerät**

Flugdauer** *(hh:mm)*

Zweck

Wetter / Wind *(km/h)*

Anzahl Aufstiege**

Aufstiegs- und Einsatzort** *(Adresse / Koordinaten)*

Besonderheiten, Vorkommnisse, Betriebsstörungen**, Notizen

* Unkorrigierte GRC (bzw. ARC) abzüglich Schadensminimierung/ Barrieren
**Pflichtangaben gemäß "Gemeinsame Grundsätze". Die Aufzeichnungen sind 2 Jahre aufzubewahren!

Packliste

- ◯ UAV mit Zubehör
- ◯ Erste-Hilfe-Kit
- ◯ Dokumente
- ◯ Absperrmaterial
- ◯ Feuerlöscher
- ◯ Weste / Helm
- ◯ _____
- ◯ _____
- ◯ _____

SORA

1) **SORA** *nötig?* (+) (-)
2) **GRC** *korrigiert** _____
3) **ARC** *korrigiert** _____
4) **Risikoklasse** _____
5) **ConOps** *erstellt* (+) (-)

Pre-Start-Checkup

- ◯ Mental bereit
- ◯ Akkucheck UAS/RC
- ◯ Abruf NOTAM
- ◯ Flugbereich sicher
- ◯ Genehmigungen
- ◯ Polizei/O-Amt Info
- ◯ Flugverbote (-)
- ◯ Kontrollzone (-)
- ◯ Freigabe Tower
- ◯ _____

Vor Start der Motoren

- ◯ Beleuchtung OK
- ◯ RC-Verbindung OK
- ◯ Propeller fest
- ◯ GPS-Signal OK
- ◯ Flugmodus OK
- ◯ _____

Nach Start der Motoren

- ◯ Schwebeflug OK
- ◯ Reaktion RC OK
- ◯ Störquellen (-)
- ◯ Flugverkehr (-)
- ◯ Bildsignal OK
- ◯ _____

Flugdaten

Flugnummer	Datum** *(TT.MM.JJJJ)*	Uhrzeit** *(hh:mm)*
		:

Steuerer** *(Kürzel)*	System /Gerät**	Flugdauer** *(hh:mm)*
		:

Zweck	Wetter / Wind *(km/h)*	Anzahl Aufstiege**
	☀ ☁ 🌧	

Aufstiegs- und Einsatzort** *(Adresse / Koordinaten)*

Besonderheiten, Vorkommnisse, Betriebsstörungen**, Notizen

* Unkorrigierte GRC (bzw. ARC) abzüglich Schadensminimierung/ Barrieren
**Pflichtangaben gemäß "Gemeinsame Grundsätze". Die Aufzeichnungen sind 2 Jahre aufzubewahren!

Packliste

- ◯ UAV mit Zubehör
- ◯ Absperrmaterial
- ◯ _____
- ◯ Erste-Hilfe-Kit
- ◯ Feuerlöscher
- ◯ _____
- ◯ Dokumente
- ◯ Weste / Helm
- ◯ _____

SORA

1) **SORA** *nötig?* (+) (−)
2) **GRC** *korrigiert** _____
3) **ARC** *korrigiert** _____
4) **Risikoklasse** _____
5) **ConOps** *erstellt* (+) (−)

Pre-Start-Checkup

- ◯ Mental bereit
- ◯ Abruf NOTAM
- ◯ Genehmigungen
- ◯ Flugverbote (−)
- ◯ Freigabe Tower
- ◯ Akkucheck UAS/RC
- ◯ Flugbereich sicher
- ◯ Polizei/O-Amt Info
- ◯ Kontrollzone (−)
- ◯ _____

Vor Start der Motoren

- ◯ Beleuchtung OK
- ◯ GPS-Signal OK
- ◯ RC-Verbindung OK
- ◯ Flugmodus OK
- ◯ Propeller fest
- ◯ _____

Nach Start der Motoren

- ◯ Schwebeflug OK
- ◯ Flugverkehr (−)
- ◯ Reaktion RC OK
- ◯ Bildsignal OK
- ◯ Störquellen (−)
- ◯ _____

Flugdaten

Flugnummer	Datum** *(TT.MM.JJJJ)*	Uhrzeit** *(hh:mm)*
		:
Steuerer** *(Kürzel)*	**System /Gerät****	**Flugdauer**** *(hh:mm)*
		:
Zweck	**Wetter / Wind** *(km/h)*	**Anzahl Aufstiege****
	☀ ☁ 🌧	

Aufstiegs- und Einsatzort** *(Adresse / Koordinaten)*

Besonderheiten, Vorkommnisse, Betriebsstörungen**, Notizen

* Unkorrigierte GRC (bzw. ARC) abzüglich Schadensminimierung/ Barrieren
**Pflichtangaben gemäß "Gemeinsame Grundsätze". Die Aufzeichnungen sind 2 Jahre aufzubewahren!

Packliste

- ◯ UAV mit Zubehör
- ◯ Absperrmaterial
- ◯ _____
- ◯ Erste-Hilfe-Kit
- ◯ Feuerlöscher
- ◯ _____
- ◯ Dokumente
- ◯ Weste / Helm
- ◯ _____

SORA

1) **SORA** *nötig?* (+) (-)
2) **GRC** *korrigiert** _____
3) **ARC** *korrigiert** _____
4) **Risikoklasse** _____
5) **ConOps** *erstellt* (+) (-)

Pre-Start-Checkup

- ◯ Mental bereit
- ◯ Abruf NOTAM
- ◯ Genehmigungen
- ◯ Flugverbote (-)
- ◯ Freigabe Tower
- ◯ Akkucheck UAS/RC
- ◯ Flugbereich sicher
- ◯ Polizei/O-Amt Info
- ◯ Kontrollzone (-)
- ◯ _____

Vor Start der Motoren

- ◯ Beleuchtung OK
- ◯ GPS-Signal OK
- ◯ RC-Verbindung OK
- ◯ Flugmodus OK
- ◯ Propeller fest
- ◯ _____

Nach Start der Motoren

- ◯ Schwebeflug OK
- ◯ Flugverkehr (-)
- ◯ Reaktion RC OK
- ◯ Bildsignal OK
- ◯ Störquellen (-)
- ◯ _____

Flugdaten

Flugnummer	Datum** *(TT.MM.JJJJ)*	Uhrzeit** *(hh:mm)*
		:

Steuerer** *(Kürzel)*	System /Gerät**	Flugdauer** *(hh:mm)*
		:

Zweck	Wetter / Wind *(km/h)*	Anzahl Aufstiege**
	☀ ☁ 🌧	

Aufstiegs- und Einsatzort** *(Adresse / Koordinaten)*

Besonderheiten, Vorkommnisse, Betriebsstörungen**, Notizen

* Unkorrigierte GRC (bzw. ARC) abzüglich Schadensminimierung/ Barrieren
**Pflichtangaben gemäß "Gemeinsame Grundsätze". Die Aufzeichnungen sind 2 Jahre aufzubewahren!

Packliste

- ○ UAV mit Zubehör
- ○ Absperrmaterial
- ○ _____
- ○ Erste-Hilfe-Kit
- ○ Feuerlöscher
- ○ _____
- ○ Dokumente
- ○ Weste / Helm
- ○ _____

SORA

1) **SORA** *nötig?* (+) (-)
2) **GRC** *korrigiert** ____
3) **ARC** *korrigiert** ____
4) **Risikoklasse** ____
5) **ConOps** *erstellt* (+) (-)

Pre-Start-Checkup

- ○ Mental bereit
- ○ Abruf NOTAM
- ○ Genehmigungen
- ○ Flugverbote (-)
- ○ Freigabe Tower
- ○ Akkucheck UAS/RC
- ○ Flugbereich sicher
- ○ Polizei/O-Amt Info
- ○ Kontrollzone (-)
- ○ _____

Vor Start der Motoren

- ○ Beleuchtung OK
- ○ GPS-Signal OK
- ○ RC-Verbindung OK
- ○ Flugmodus OK
- ○ Propeller fest
- ○ _____

Nach Start der Motoren

- ○ Schwebeflug OK
- ○ Flugverkehr (-)
- ○ Reaktion RC OK
- ○ Bildsignal OK
- ○ Störquellen (-)
- ○ _____

Flugdaten

Flugnummer

Datum** *(TT.MM.JJJJ)*

Uhrzeit** *(hh:mm)* :

Steuerer** *(Kürzel)*

System /Gerät**

Flugdauer** *(hh:mm)* :

Zweck

Wetter / Wind *(km/h)*

Anzahl Aufstiege**

Aufstiegs- und Einsatzort** *(Adresse / Koordinaten)*

Besonderheiten, Vorkommnisse, Betriebsstörungen**, Notizen

* Unkorrigierte GRC (bzw. ARC) abzüglich Schadensminimierung/ Barrieren
**Pflichtangaben gemäß "Gemeinsame Grundsätze". Die Aufzeichnungen sind 2 Jahre aufzubewahren!

Packliste

- ○ UAV mit Zubehör
- ○ Absperrmaterial
- ○ _____
- ○ Erste-Hilfe-Kit
- ○ Feuerlöscher
- ○ _____
- ○ Dokumente
- ○ Weste / Helm
- ○ _____

SORA

1) **SORA** *nötig?* (+) (-)
2) **GRC** *korrigiert** _____
3) **ARC** *korrigiert** _____
4) **Risikoklasse** _____
5) **ConOps** *erstellt* (+) (-)

Pre-Start-Checkup

- ○ Mental bereit
- ○ Abruf NOTAM
- ○ Genehmigungen
- ○ Flugverbote (-)
- ○ Freigabe Tower
- ○ Akkucheck UAS/RC
- ○ Flugbereich sicher
- ○ Polizei/O-Amt Info
- ○ Kontrollzone (-)
- ○ _____

Vor Start der Motoren

- ○ Beleuchtung OK
- ○ GPS-Signal OK
- ○ RC-Verbindung OK
- ○ Flugmodus OK
- ○ Propeller fest
- ○ _____

Nach Start der Motoren

- ○ Schwebeflug OK
- ○ Flugverkehr (-)
- ○ Reaktion RC OK
- ○ Bildsignal OK
- ○ Störquellen (-)
- ○ _____

Flugdaten

Flugnummer

Datum** *(TT.MM.JJJJ)*

Uhrzeit** *(hh:mm)* :

Steuerer** *(Kürzel)*

System /Gerät**

Flugdauer** *(hh:mm)* :

Zweck

Wetter / Wind *(km/h)*

Anzahl Aufstiege**

Aufstiegs- und Einsatzort** *(Adresse / Koordinaten)*

Besonderheiten, Vorkommnisse, Betriebsstörungen**, Notizen

* Unkorrigierte GRC (bzw. ARC) abzüglich Schadensminimierung/ Barrieren
**Pflichtangaben gemäß "Gemeinsame Grundsätze". Die Aufzeichnungen sind 2 Jahre aufzubewahren!

Packliste

- ◯ UAV mit Zubehör
- ◯ Absperrmaterial
- ◯ _____
- ◯ Erste-Hilfe-Kit
- ◯ Feuerlöscher
- ◯ _____
- ◯ Dokumente
- ◯ Weste / Helm
- ◯ _____

SORA   Pre-Start-Checkup

1) **SORA** *nötig?* (+) (-)
2) **GRC** *korrigiert** _____
3) **ARC** *korrigiert** _____
4) **Risikoklasse** _____
5) **ConOps** *erstellt* (+) (-)

- ◯ Mental bereit
- ◯ Abruf NOTAM
- ◯ Genehmigungen
- ◯ Flugverbote (-)
- ◯ Freigabe Tower
- ◯ Akkucheck UAS/RC
- ◯ Flugbereich sicher
- ◯ Polizei/O-Amt Info
- ◯ Kontrollzone (-)
- ◯ _____

Vor Start der Motoren

- ◯ Beleuchtung OK
- ◯ GPS-Signal OK
- ◯ RC-Verbindung OK
- ◯ Flugmodus OK
- ◯ Propeller fest
- ◯ _____

Nach Start der Motoren

- ◯ Schwebeflug OK
- ◯ Flugverkehr (-)
- ◯ Reaktion RC OK
- ◯ Bildsignal OK
- ◯ Störquellen (-)
- ◯ _____

Flugdaten

Flugnummer	Datum** *(TT.MM.JJJJ)*	Uhrzeit** *(hh:mm)*
		:
Steuerer** *(Kürzel)*	System /Gerät**	Flugdauer** *(hh:mm)*
		:
Zweck	Wetter / Wind *(km/h)*	Anzahl Aufstiege**

Aufstiegs- und Einsatzort** *(Adresse / Koordinaten)*

Besonderheiten, Vorkommnisse, Betriebsstörungen**, Notizen

* Unkorrigierte GRC (bzw. ARC) abzüglich Schadensminimierung/ Barrieren
**Pflichtangaben gemäß "Gemeinsame Grundsätze". Die Aufzeichnungen sind 2 Jahre aufzubewahren!

Packliste

- ◯ UAV mit Zubehör
- ◯ Absperrmaterial
- ◯ _____
- ◯ Erste-Hilfe-Kit
- ◯ Feuerlöscher
- ◯ _____
- ◯ Dokumente
- ◯ Weste / Helm
- ◯ _____

SORA

1) **SORA** *nötig?* (+) (-)
2) **GRC** *korrigiert** _____
3) **ARC** *korrigiert** _____
4) **Risikoklasse** _____
5) **ConOps** *erstellt* (+) (-)

Pre-Start-Checkup

- ◯ Mental bereit
- ◯ Abruf NOTAM
- ◯ Genehmigungen
- ◯ Flugverbote (-)
- ◯ Freigabe Tower
- ◯ Akkucheck UAS/RC
- ◯ Flugbereich sicher
- ◯ Polizei/O-Amt Info
- ◯ Kontrollzone (-)
- ◯ _____

Vor Start der Motoren

- ◯ Beleuchtung OK
- ◯ GPS-Signal OK
- ◯ RC-Verbindung OK
- ◯ Flugmodus OK
- ◯ Propeller fest
- ◯ _____

Nach Start der Motoren

- ◯ Schwebeflug OK
- ◯ Flugverkehr (-)
- ◯ Reaktion RC OK
- ◯ Bildsignal OK
- ◯ Störquellen (-)
- ◯ _____

Flugdaten

Flugnummer	Datum** *(TT.MM.JJJJ)*	Uhrzeit** *(hh:mm)*
		:

Steuerer** *(Kürzel)*	System /Gerät**	Flugdauer** *(hh:mm)*
		:

Zweck	Wetter / Wind *(km/h)*	Anzahl Aufstiege**
	☀ ☁ 🌧	

Aufstiegs- und Einsatzort** *(Adresse / Koordinaten)*

Besonderheiten, Vorkommnisse, Betriebsstörungen**, Notizen

* Unkorrigierte GRC (bzw. ARC) abzüglich Schadensminimierung/ Barrieren
**Pflichtangaben gemäß "Gemeinsame Grundsätze". Die Aufzeichnungen sind 2 Jahre aufzubewahren!

Packliste

- ◯ UAV mit Zubehör
- ◯ Absperrmaterial
- ◯ _____
- ◯ Erste-Hilfe-Kit
- ◯ Feuerlöscher
- ◯ _____
- ◯ Dokumente
- ◯ Weste / Helm
- ◯ _____

SORA   Pre-Start-Checkup

1) **SORA** *nötig?* (+) (−)
2) **GRC** *korrigiert** _____
3) **ARC** *korrigiert** _____
4) **Risikoklasse** _____
5) **ConOps** *erstellt* (+) (−)

- ◯ Mental bereit
- ◯ Abruf NOTAM
- ◯ Genehmigungen
- ◯ Flugverbote (−)
- ◯ Freigabe Tower
- ◯ Akkucheck UAS/RC
- ◯ Flugbereich sicher
- ◯ Polizei/O-Amt Info
- ◯ Kontrollzone (−)
- ◯ _____

Vor Start der Motoren

- ◯ Beleuchtung OK
- ◯ GPS-Signal OK
- ◯ RC-Verbindung OK
- ◯ Flugmodus OK
- ◯ Propeller fest
- ◯ _____

Nach Start der Motoren

- ◯ Schwebeflug OK
- ◯ Flugverkehr (−)
- ◯ Reaktion RC OK
- ◯ Bildsignal OK
- ◯ Störquellen (−)
- ◯ _____

Flugdaten

Flugnummer

Datum** *(TT.MM.JJJJ)*

Uhrzeit** *(hh:mm)*

Steuerer** *(Kürzel)*

System /Gerät**

Flugdauer** *(hh:mm)*

Zweck

Wetter / Wind *(km/h)*

Anzahl Aufstiege**

Aufstiegs- und Einsatzort** *(Adresse / Koordinaten)*

Besonderheiten, Vorkommnisse, Betriebsstörungen**, Notizen

* Unkorrigierte GRC (bzw. ARC) abzüglich Schadensminimierung/ Barrieren
**Pflichtangaben gemäß "Gemeinsame Grundsätze". Die Aufzeichnungen sind 2 Jahre aufzubewahren!

Packliste

- ◯ UAV mit Zubehör
- ◯ Absperrmaterial
- ◯ _____
- ◯ Erste-Hilfe-Kit
- ◯ Feuerlöscher
- ◯ _____
- ◯ Dokumente
- ◯ Weste / Helm
- ◯ _____

SORA

1) **SORA** *nötig?* (+) (-)
2) **GRC** *korrigiert** ____
3) **ARC** *korrigiert** ____
4) **Risikoklasse** ____
5) **ConOps** *erstellt* (+) (-)

Pre-Start-Checkup

- ◯ Mental bereit
- ◯ Abruf NOTAM
- ◯ Genehmigungen
- ◯ Flugverbote (-)
- ◯ Freigabe Tower
- ◯ Akkucheck UAS/RC
- ◯ Flugbereich sicher
- ◯ Polizei/O-Amt Info
- ◯ Kontrollzone (-)
- ◯ _____

Vor Start der Motoren

- ◯ Beleuchtung OK
- ◯ GPS-Signal OK
- ◯ RC-Verbindung OK
- ◯ Flugmodus OK
- ◯ Propeller fest
- ◯ _____

Nach Start der Motoren

- ◯ Schwebeflug OK
- ◯ Flugverkehr (-)
- ◯ Reaktion RC OK
- ◯ Bildsignal OK
- ◯ Störquellen (-)
- ◯ _____

Flugdaten

Flugnummer

Datum** *(TT.MM.JJJJ)*

Uhrzeit** *(hh:mm)*

Steuerer** *(Kürzel)*

System /Gerät**

Flugdauer** *(hh:mm)*

Zweck

Wetter / Wind *(km/h)*

Anzahl Aufstiege**

Aufstiegs- und Einsatzort** *(Adresse / Koordinaten)*

Besonderheiten, Vorkommnisse, Betriebsstörungen**, Notizen

* Unkorrigierte GRC (bzw. ARC) abzüglich Schadensminimierung/ Barrieren
**Pflichtangaben gemäß "Gemeinsame Grundsätze". Die Aufzeichnungen sind 2 Jahre aufzubewahren!

Packliste

- ◯ UAV mit Zubehör
- ◯ Absperrmaterial
- ◯ _____
- ◯ Erste-Hilfe-Kit
- ◯ Feuerlöscher
- ◯ _____
- ◯ Dokumente
- ◯ Weste / Helm
- ◯ _____

SORA

1) **SORA** *nötig?* (+) (−)
2) **GRC** *korrigiert** _____
3) **ARC** *korrigiert** _____
4) **Risikoklasse** _____
5) **ConOps** *erstellt* (+) (−)

Pre-Start-Checkup

- ◯ Mental bereit
- ◯ Abruf NOTAM
- ◯ Genehmigungen
- ◯ Flugverbote (−)
- ◯ Freigabe Tower
- ◯ Akkucheck UAS/RC
- ◯ Flugbereich sicher
- ◯ Polizei/O-Amt Info
- ◯ Kontrollzone (−)
- ◯ _____

Vor Start der Motoren

- ◯ Beleuchtung OK
- ◯ GPS-Signal OK
- ◯ RC-Verbindung OK
- ◯ Flugmodus OK
- ◯ Propeller fest
- ◯ _____

Nach Start der Motoren

- ◯ Schwebeflug OK
- ◯ Flugverkehr (−)
- ◯ Reaktion RC OK
- ◯ Bildsignal OK
- ◯ Störquellen (−)
- ◯ _____

Flugdaten

Flugnummer	Datum** *(TT.MM.JJJJ)*	Uhrzeit** *(hh:mm)*
		:

Steuerer** *(Kürzel)*	System /Gerät**	Flugdauer** *(hh:mm)*
		:

Zweck	Wetter / Wind *(km/h)*	Anzahl Aufstiege**

Aufstiegs- und Einsatzort** *(Adresse / Koordinaten)*

Besonderheiten, Vorkommnisse, Betriebsstörungen**, Notizen

* Unkorrigierte GRC (bzw. ARC) abzüglich Schadensminimierung/ Barrieren
**Pflichtangaben gemäß "Gemeinsame Grundsätze". Die Aufzeichnungen sind 2 Jahre aufzubewahren!

Packliste

- ◯ UAV mit Zubehör
- ◯ Absperrmaterial
- ◯ _____
- ◯ Erste-Hilfe-Kit
- ◯ Feuerlöscher
- ◯ _____
- ◯ Dokumente
- ◯ Weste / Helm
- ◯ _____

SORA

1) **SORA** *nötig?* (+) (-)
2) **GRC** *korrigiert** _____
3) **ARC** *korrigiert** _____
4) **Risikoklasse** _____
5) **ConOps** *erstellt* (+) (-)

Pre-Start-Checkup

- ◯ Mental bereit
- ◯ Abruf NOTAM
- ◯ Genehmigungen
- ◯ Flugverbote (-)
- ◯ Freigabe Tower
- ◯ Akkucheck UAS/RC
- ◯ Flugbereich sicher
- ◯ Polizei/O-Amt Info
- ◯ Kontrollzone (-)
- ◯ _____

Vor Start der Motoren

- ◯ Beleuchtung OK
- ◯ GPS-Signal OK
- ◯ RC-Verbindung OK
- ◯ Flugmodus OK
- ◯ Propeller fest
- ◯ _____

Nach Start der Motoren

- ◯ Schwebeflug OK
- ◯ Flugverkehr (-)
- ◯ Reaktion RC OK
- ◯ Bildsignal OK
- ◯ Störquellen (-)
- ◯ _____

Flugdaten

Flugnummer

Datum** *(TT.MM.JJJJ)*

Uhrzeit** *(hh:mm)*

Steuerer** *(Kürzel)*

System /Gerät**

Flugdauer** *(hh:mm)*

Zweck

Wetter / Wind *(km/h)*

Anzahl Aufstiege**

Aufstiegs- und Einsatzort** *(Adresse / Koordinaten)*

Besonderheiten, Vorkommnisse, Betriebsstörungen**, Notizen

* Unkorrigierte GRC (bzw. ARC) abzüglich Schadensminimierung/ Barrieren
**Pflichtangaben gemäß "Gemeinsame Grundsätze". Die Aufzeichnungen sind 2 Jahre aufzubewahren!

Packliste

- ◯ UAV mit Zubehör
- ◯ Absperrmaterial
- ◯ _____
- ◯ Erste-Hilfe-Kit
- ◯ Feuerlöscher
- ◯ _____
- ◯ Dokumente
- ◯ Weste / Helm
- ◯ _____

SORA

1) **SORA** *nötig?* (+) (-)
2) **GRC** *korrigiert** _____
3) **ARC** *korrigiert** _____
4) **Risikoklasse** _____
5) **ConOps** *erstellt* (+) (-)

Pre-Start-Checkup

- ◯ Mental bereit
- ◯ Abruf NOTAM
- ◯ Genehmigungen
- ◯ Flugverbote (-)
- ◯ Freigabe Tower
- ◯ Akkucheck UAS/RC
- ◯ Flugbereich sicher
- ◯ Polizei/O-Amt Info
- ◯ Kontrollzone (-)
- ◯ _____

Vor Start der Motoren

- ◯ Beleuchtung OK
- ◯ GPS-Signal OK
- ◯ RC-Verbindung OK
- ◯ Flugmodus OK
- ◯ Propeller fest
- ◯ _____

Nach Start der Motoren

- ◯ Schwebeflug OK
- ◯ Flugverkehr (-)
- ◯ Reaktion RC OK
- ◯ Bildsignal OK
- ◯ Störquellen (-)
- ◯ _____

Flugdaten

Flugnummer	Datum** *(TT.MM.JJJJ)*	Uhrzeit** *(hh:mm)*
		:
Steuerer** *(Kürzel)*	System /Gerät**	Flugdauer** *(hh:mm)*
		:
Zweck	Wetter / Wind *(km/h)*	Anzahl Aufstiege**

Aufstiegs- und Einsatzort** *(Adresse / Koordinaten)*

Besonderheiten, Vorkommnisse, Betriebsstörungen**, Notizen

* Unkorrigierte GRC (bzw. ARC) abzüglich Schadensminimierung/ Barrieren
**Pflichtangaben gemäß "Gemeinsame Grundsätze". Die Aufzeichnungen sind 2 Jahre aufzubewahren!

Packliste

- ○ UAV mit Zubehör
- ○ Erste-Hilfe-Kit
- ○ Dokumente
- ○ Absperrmaterial
- ○ Feuerlöscher
- ○ Weste / Helm
- ○ _____
- ○ _____
- ○ _____

SORA

1) **SORA** *nötig?* (+) (-)
2) **GRC** *korrigiert** ____
3) **ARC** *korrigiert** ____
4) **Risikoklasse** ____
5) **ConOps** *erstellt* (+) (-)

Pre-Start-Checkup

- ○ Mental bereit
- ○ Abruf NOTAM
- ○ Genehmigungen
- ○ Flugverbote (-)
- ○ Freigabe Tower
- ○ Akkucheck UAS/RC
- ○ Flugbereich sicher
- ○ Polizei/O-Amt Info
- ○ Kontrollzone (-)
- ○ _____

Vor Start der Motoren

- ○ Beleuchtung OK
- ○ RC-Verbindung OK
- ○ Propeller fest
- ○ GPS-Signal OK
- ○ Flugmodus OK
- ○ _____

Nach Start der Motoren

- ○ Schwebeflug OK
- ○ Reaktion RC OK
- ○ Störquellen (-)
- ○ Flugverkehr (-)
- ○ Bildsignal OK
- ○ _____

Flugdaten

Flugnummer	Datum** *(TT.MM.JJJJ)*	Uhrzeit** *(hh:mm)*
		:
Steuerer** *(Kürzel)*	System /Gerät**	Flugdauer** *(hh:mm)*
		:
Zweck	Wetter / Wind *(km/h)*	Anzahl Aufstiege**
	☀ ☁ 🌧	

Aufstiegs- und Einsatzort** *(Adresse / Koordinaten)*

Besonderheiten, Vorkommnisse, Betriebsstörungen**, Notizen

* Unkorrigierte GRC (bzw. ARC) abzüglich Schadensminimierung/ Barrieren
**Pflichtangaben gemäß "Gemeinsame Grundsätze". Die Aufzeichnungen sind 2 Jahre aufzubewahren!

Packliste

- ◯ UAV mit Zubehör
- ◯ Absperrmaterial
- ◯ _____
- ◯ Erste-Hilfe-Kit
- ◯ Feuerlöscher
- ◯ _____
- ◯ Dokumente
- ◯ Weste / Helm
- ◯ _____

SORA

1) **SORA** *nötig?* (+) (-)
2) **GRC** *korrigiert** _____
3) **ARC** *korrigiert** _____
4) **Risikoklasse** _____
5) **ConOps** *erstellt* (+) (-)

Pre-Start-Checkup

- ◯ Mental bereit
- ◯ Abruf NOTAM
- ◯ Genehmigungen
- ◯ Flugverbote (-)
- ◯ Freigabe Tower
- ◯ Akkucheck UAS/RC
- ◯ Flugbereich sicher
- ◯ Polizei/O-Amt Info
- ◯ Kontrollzone (-)
- ◯ _____

Vor Start der Motoren

- ◯ Beleuchtung OK
- ◯ GPS-Signal OK
- ◯ RC-Verbindung OK
- ◯ Flugmodus OK
- ◯ Propeller fest
- ◯ _____

Nach Start der Motoren

- ◯ Schwebeflug OK
- ◯ Flugverkehr (-)
- ◯ Reaktion RC OK
- ◯ Bildsignal OK
- ◯ Störquellen (-)
- ◯ _____

Flugdaten

Flugnummer	Datum** *(TT.MM.JJJJ)*	Uhrzeit** *(hh:mm)*
		:
Steuerer** *(Kürzel)*	System /Gerät**	Flugdauer** *(hh:mm)*
		:
Zweck	Wetter / Wind *(km/h)*	Anzahl Aufstiege**

Aufstiegs- und Einsatzort** *(Adresse / Koordinaten)*

Besonderheiten, Vorkommnisse, Betriebsstörungen**, Notizen

* Unkorrigierte GRC (bzw. ARC) abzüglich Schadensminimierung/ Barrieren
**Pflichtangaben gemäß "Gemeinsame Grundsätze". Die Aufzeichnungen sind 2 Jahre aufzubewahren!

Packliste

- ◯ UAV mit Zubehör
- ◯ Absperrmaterial
- ◯ _____
- ◯ Erste-Hilfe-Kit
- ◯ Feuerlöscher
- ◯ _____
- ◯ Dokumente
- ◯ Weste / Helm
- ◯ _____

SORA

1) **SORA** *nötig?* (+) (−)
2) **GRC** *korrigiert** ____
3) **ARC** *korrigiert** ____
4) **Risikoklasse** ____
5) **ConOps** *erstellt* (+) (−)

Pre-Start-Checkup

- ◯ Mental bereit
- ◯ Abruf NOTAM
- ◯ Genehmigungen
- ◯ Flugverbote (−)
- ◯ Freigabe Tower
- ◯ Akkucheck UAS/RC
- ◯ Flugbereich sicher
- ◯ Polizei/O-Amt Info
- ◯ Kontrollzone (−)
- ◯ _____

Vor Start der Motoren

- ◯ Beleuchtung OK
- ◯ GPS-Signal OK
- ◯ RC-Verbindung OK
- ◯ Flugmodus OK
- ◯ Propeller fest
- ◯ _____

Nach Start der Motoren

- ◯ Schwebeflug OK
- ◯ Flugverkehr (−)
- ◯ Reaktion RC OK
- ◯ Bildsignal OK
- ◯ Störquellen (−)
- ◯ _____

Flugdaten

Flugnummer	Datum** *(TT.MM.JJJJ)*	Uhrzeit** *(hh:mm)*
		:

Steuerer** *(Kürzel)*	System /Gerät**	Flugdauer** *(hh:mm)*
		:

Zweck	Wetter / Wind *(km/h)*	Anzahl Aufstiege**
	☀ ☁ 🌧	

Aufstiegs- und Einsatzort** *(Adresse / Koordinaten)*

Besonderheiten, Vorkommnisse, Betriebsstörungen**, Notizen

* Unkorrigierte GRC (bzw. ARC) abzüglich Schadensminimierung/ Barrieren
**Pflichtangaben gemäß "Gemeinsame Grundsätze". Die Aufzeichnungen sind 2 Jahre aufzubewahren!

Packliste

- ◯ UAV mit Zubehör
- ◯ Absperrmaterial
- ◯ _____
- ◯ Erste-Hilfe-Kit
- ◯ Feuerlöscher
- ◯ _____
- ◯ Dokumente
- ◯ Weste / Helm
- ◯ _____

SORA

1) **SORA** *nötig?* (+) (-)
2) **GRC** *korrigiert** _____
3) **ARC** *korrigiert** _____
4) **Risikoklasse** _____
5) **ConOps** *erstellt* (+) (-)

Pre-Start-Checkup

- ◯ Mental bereit
- ◯ Abruf NOTAM
- ◯ Genehmigungen
- ◯ Flugverbote (-)
- ◯ Freigabe Tower
- ◯ Akkucheck UAS/RC
- ◯ Flugbereich sicher
- ◯ Polizei/O-Amt Info
- ◯ Kontrollzone (-)
- ◯ _____

Vor Start der Motoren

- ◯ Beleuchtung OK
- ◯ GPS-Signal OK
- ◯ RC-Verbindung OK
- ◯ Flugmodus OK
- ◯ Propeller fest
- ◯ _____

Nach Start der Motoren

- ◯ Schwebeflug OK
- ◯ Flugverkehr (-)
- ◯ Reaktion RC OK
- ◯ Bildsignal OK
- ◯ Störquellen (-)
- ◯ _____

Flugdaten

Flugnummer	Datum** *(TT.MM.JJJJ)*	Uhrzeit** *(hh:mm)*
		:
Steuerer** *(Kürzel)*	**System /Gerät****	**Flugdauer**** *(hh:mm)*
		:
Zweck	**Wetter / Wind** *(km/h)*	**Anzahl Aufstiege****
	☀ ☁ 🌧	

Aufstiegs- und Einsatzort** *(Adresse / Koordinaten)*

Besonderheiten, Vorkommnisse, Betriebsstörungen**, Notizen

* Unkorrigierte GRC (bzw. ARC) abzüglich Schadensminimierung/ Barrieren
**Pflichtangaben gemäß "Gemeinsame Grundsätze". Die Aufzeichnungen sind 2 Jahre aufzubewahren!

Packliste

- ◯ UAV mit Zubehör
- ◯ Erste-Hilfe-Kit
- ◯ Dokumente
- ◯ Absperrmaterial
- ◯ Feuerlöscher
- ◯ Weste / Helm
- ◯ _____
- ◯ _____
- ◯ _____

SORA Pre-Start-Checkup

1) **SORA** *nötig?* (+) (-)
2) **GRC** *korrigiert** _____
3) **ARC** *korrigiert** _____
4) **Risikoklasse** _____
5) **ConOps** *erstellt* (+) (-)

- ◯ Mental bereit
- ◯ Abruf NOTAM
- ◯ Genehmigungen
- ◯ Flugverbote (-)
- ◯ Freigabe Tower
- ◯ Akkucheck UAS/RC
- ◯ Flugbereich sicher
- ◯ Polizei/O-Amt Info
- ◯ Kontrollzone (-)
- ◯ _____

Vor Start der Motoren

- ◯ Beleuchtung OK
- ◯ RC-Verbindung OK
- ◯ Propeller fest
- ◯ GPS-Signal OK
- ◯ Flugmodus OK
- ◯ _____

Nach Start der Motoren

- ◯ Schwebeflug OK
- ◯ Reaktion RC OK
- ◯ Störquellen (-)
- ◯ Flugverkehr (-)
- ◯ Bildsignal OK
- ◯ _____

Flugdaten

Flugnummer

Datum** *(TT.MM.JJJJ)*

Uhrzeit** *(hh:mm)*

Steuerer** *(Kürzel)*

System /Gerät**

Flugdauer** *(hh:mm)*

Zweck

Wetter / Wind *(km/h)*

Anzahl Aufstiege**

Aufstiegs- und Einsatzort** *(Adresse / Koordinaten)*

Besonderheiten, Vorkommnisse, Betriebsstörungen**, Notizen

* Unkorrigierte GRC (bzw. ARC) abzüglich Schadensminimierung/ Barrieren
**Pflichtangaben gemäß "Gemeinsame Grundsätze". Die Aufzeichnungen sind 2 Jahre aufzubewahren!

Packliste

- ◯ UAV mit Zubehör
- ◯ Absperrmaterial
- ◯ _____
- ◯ Erste-Hilfe-Kit
- ◯ Feuerlöscher
- ◯ _____
- ◯ Dokumente
- ◯ Weste / Helm
- ◯ _____

SORA   Pre-Start-Checkup

1) **SORA** *nötig?* (+) (-)
2) **GRC** *korrigiert** _____
3) **ARC** *korrigiert** _____
4) **Risikoklasse** _____
5) **ConOps** *erstellt* (+) (-)

- ◯ Mental bereit
- ◯ Abruf NOTAM
- ◯ Genehmigungen
- ◯ Flugverbote (-)
- ◯ Freigabe Tower
- ◯ Akkucheck UAS/RC
- ◯ Flugbereich sicher
- ◯ Polizei/O-Amt Info
- ◯ Kontrollzone (-)
- ◯ _____

Vor Start der Motoren

- ◯ Beleuchtung OK
- ◯ GPS-Signal OK
- ◯ RC-Verbindung OK
- ◯ Flugmodus OK
- ◯ Propeller fest
- ◯ _____

Nach Start der Motoren

- ◯ Schwebeflug OK
- ◯ Flugverkehr (-)
- ◯ Reaktion RC OK
- ◯ Bildsignal OK
- ◯ Störquellen (-)
- ◯ _____

Flugdaten

Flugnummer

Datum** *(TT.MM.JJJJ)*

Uhrzeit** *(hh:mm)* :

Steuerer** *(Kürzel)*

System /Gerät**

Flugdauer** *(hh:mm)* :

Zweck

Wetter / Wind *(km/h)*

Anzahl Aufstiege**

Aufstiegs- und Einsatzort** *(Adresse / Koordinaten)*

Besonderheiten, Vorkommnisse, Betriebsstörungen**, Notizen

* Unkorrigierte GRC (bzw. ARC) abzüglich Schadensminimierung/ Barrieren
**Pflichtangaben gemäß "Gemeinsame Grundsätze". Die Aufzeichnungen sind 2 Jahre aufzubewahren!

Packliste

- ○ UAV mit Zubehör
- ○ Absperrmaterial
- ○ _____
- ○ Erste-Hilfe-Kit
- ○ Feuerlöscher
- ○ _____
- ○ Dokumente
- ○ Weste / Helm
- ○ _____

SORA

1) **SORA** *nötig?* (+) (-)
2) **GRC** *korrigiert* * _____
3) **ARC** *korrigiert* * _____
4) **Risikoklasse** _____
5) **ConOps** *erstellt* (+) (-)

Pre-Start-Checkup

- ○ Mental bereit
- ○ Abruf NOTAM
- ○ Genehmigungen
- ○ Flugverbote (-)
- ○ Freigabe Tower
- ○ Akkucheck UAS/RC
- ○ Flugbereich sicher
- ○ Polizei/O-Amt Info
- ○ Kontrollzone (-)
- ○ _____

Vor Start der Motoren

- ○ Beleuchtung OK
- ○ GPS-Signal OK
- ○ RC-Verbindung OK
- ○ Flugmodus OK
- ○ Propeller fest
- ○ _____

Nach Start der Motoren

- ○ Schwebeflug OK
- ○ Flugverkehr (-)
- ○ Reaktion RC OK
- ○ Bildsignal OK
- ○ Störquellen (-)
- ○ _____

Flugdaten

Flugnummer

Datum** *(TT.MM.JJJJ)*

Uhrzeit** *(hh:mm)*

Steuerer** *(Kürzel)*

System /Gerät**

Flugdauer** *(hh:mm)*

Zweck

Wetter / Wind *(km/h)*

Anzahl Aufstiege**

Aufstiegs- und Einsatzort** *(Adresse / Koordinaten)*

Besonderheiten, Vorkommnisse, Betriebsstörungen**, Notizen

* Unkorrigierte GRC (bzw. ARC) abzüglich Schadensminimierung/ Barrieren
**Pflichtangaben gemäß "Gemeinsame Grundsätze". Die Aufzeichnungen sind 2 Jahre aufzubewahren!

Packliste

- ◯ UAV mit Zubehör
- ◯ Absperrmaterial
- ◯ _____
- ◯ Erste-Hilfe-Kit
- ◯ Feuerlöscher
- ◯ _____
- ◯ Dokumente
- ◯ Weste / Helm
- ◯ _____

SORA

1) **SORA** *nötig?* (+) (−)
2) **GRC** *korrigiert** ____
3) **ARC** *korrigiert** ____
4) **Risikoklasse** ____
5) **ConOps** *erstellt* (+) (−)

Pre-Start-Checkup

- ◯ Mental bereit
- ◯ Abruf NOTAM
- ◯ Genehmigungen
- ◯ Flugverbote (−)
- ◯ Freigabe Tower
- ◯ Akkucheck UAS/RC
- ◯ Flugbereich sicher
- ◯ Polizei/O-Amt Info
- ◯ Kontrollzone (−)
- ◯ _____

Vor Start der Motoren

- ◯ Beleuchtung OK
- ◯ GPS-Signal OK
- ◯ RC-Verbindung OK
- ◯ Flugmodus OK
- ◯ Propeller fest
- ◯ _____

Nach Start der Motoren

- ◯ Schwebeflug OK
- ◯ Flugverkehr (−)
- ◯ Reaktion RC OK
- ◯ Bildsignal OK
- ◯ Störquellen (−)
- ◯ _____

Flugdaten

Flugnummer	Datum** *(TT.MM.JJJJ)*	Uhrzeit** *(hh:mm)*
		:
Steuerer** *(Kürzel)*	System /Gerät**	Flugdauer** *(hh:mm)*
		:
Zweck	Wetter / Wind *(km/h)*	Anzahl Aufstiege**
	☀ ☁ 🌧	

Aufstiegs- und Einsatzort** *(Adresse / Koordinaten)*

Besonderheiten, Vorkommnisse, Betriebsstörungen**, Notizen

* Unkorrigierte GRC (bzw. ARC) abzüglich Schadensminimierung/ Barrieren
**Pflichtangaben gemäß "Gemeinsame Grundsätze". Die Aufzeichnungen sind 2 Jahre aufzubewahren!

Packliste

- ○ UAV mit Zubehör
- ○ Absperrmaterial
- ○ _____
- ○ Erste-Hilfe-Kit
- ○ Feuerlöscher
- ○ _____
- ○ Dokumente
- ○ Weste / Helm
- ○ _____

SORA

1) **SORA** *nötig?* (+) (-)
2) **GRC** *korrigiert** _____
3) **ARC** *korrigiert** _____
4) **Risikoklasse** _____
5) **ConOps** *erstellt* (+) (-)

Pre-Start-Checkup

- ○ Mental bereit
- ○ Abruf NOTAM
- ○ Genehmigungen
- ○ Flugverbote (-)
- ○ Freigabe Tower
- ○ Akkucheck UAS/RC
- ○ Flugbereich sicher
- ○ Polizei/O-Amt Info
- ○ Kontrollzone (-)
- ○ _____

Vor Start der Motoren

- ○ Beleuchtung OK
- ○ GPS-Signal OK
- ○ RC-Verbindung OK
- ○ Flugmodus OK
- ○ Propeller fest
- ○ _____

Nach Start der Motoren

- ○ Schwebeflug OK
- ○ Flugverkehr (-)
- ○ Reaktion RC OK
- ○ Bildsignal OK
- ○ Störquellen (-)
- ○ _____

Flugdaten

Flugnummer	Datum** *(TT.MM.JJJJ)*	Uhrzeit** *(hh:mm)*
		:

Steuerer** *(Kürzel)*	System /Gerät**	Flugdauer** *(hh:mm)*
		:

Zweck	Wetter / Wind *(km/h)*	Anzahl Aufstiege**
	☀ ☁ 🌧	

Aufstiegs- und Einsatzort** *(Adresse / Koordinaten)*

Besonderheiten, Vorkommnisse, Betriebsstörungen**, Notizen

* Unkorrigierte GRC (bzw. ARC) abzüglich Schadensminimierung/ Barrieren
**Pflichtangaben gemäß "Gemeinsame Grundsätze". Die Aufzeichnungen sind 2 Jahre aufzubewahren!

Packliste

- ◯ UAV mit Zubehör
- ◯ Absperrmaterial
- ◯ _____
- ◯ Erste-Hilfe-Kit
- ◯ Feuerlöscher
- ◯ _____
- ◯ Dokumente
- ◯ Weste / Helm
- ◯ _____

SORA

1) **SORA** *nötig?* (+) (-)
2) **GRC** *korrigiert** _____
3) **ARC** *korrigiert** _____
4) **Risikoklasse** _____
5) **ConOps** *erstellt* (+) (-)

Pre-Start-Checkup

- ◯ Mental bereit
- ◯ Abruf NOTAM
- ◯ Genehmigungen
- ◯ Flugverbote (-)
- ◯ Freigabe Tower
- ◯ Akkucheck UAS/RC
- ◯ Flugbereich sicher
- ◯ Polizei/O-Amt Info
- ◯ Kontrollzone (-)
- ◯ _____

Vor Start der Motoren

- ◯ Beleuchtung OK
- ◯ GPS-Signal OK
- ◯ RC-Verbindung OK
- ◯ Flugmodus OK
- ◯ Propeller fest
- ◯ _____

Nach Start der Motoren

- ◯ Schwebeflug OK
- ◯ Flugverkehr (-)
- ◯ Reaktion RC OK
- ◯ Bildsignal OK
- ◯ Störquellen (-)
- ◯ _____

Flugdaten

Flugnummer	Datum** *(TT.MM.JJJJ)*	Uhrzeit** *(hh:mm)*
		:
Steuerer** *(Kürzel)*	**System /Gerät****	**Flugdauer**** *(hh:mm)*
		:
Zweck	**Wetter / Wind** *(km/h)*	**Anzahl Aufstiege****
	☀ ☁ 🌧	

Aufstiegs- und Einsatzort** *(Adresse / Koordinaten)*

Besonderheiten, Vorkommnisse, Betriebsstörungen**, Notizen

* Unkorrigierte GRC (bzw. ARC) abzüglich Schadensminimierung/ Barrieren
**Pflichtangaben gemäß "Gemeinsame Grundsätze". Die Aufzeichnungen sind 2 Jahre aufzubewahren!

Packliste

- ◯ UAV mit Zubehör
- ◯ Absperrmaterial
- ◯ _____
- ◯ Erste-Hilfe-Kit
- ◯ Feuerlöscher
- ◯ _____
- ◯ Dokumente
- ◯ Weste / Helm
- ◯ _____

SORA

1) **SORA** _nötig?_ (+) (-)
2) **GRC** _korrigiert*_ _____
3) **ARC** _korrigiert*_ _____
4) **Risikoklasse** _____
5) **ConOps** _erstellt_ (+) (-)

Pre-Start-Checkup

- ◯ Mental bereit
- ◯ Abruf NOTAM
- ◯ Genehmigungen
- ◯ Flugverbote (-)
- ◯ Freigabe Tower
- ◯ Akkucheck UAS/RC
- ◯ Flugbereich sicher
- ◯ Polizei/O-Amt Info
- ◯ Kontrollzone (-)
- ◯ _____

Vor Start der Motoren

- ◯ Beleuchtung OK
- ◯ GPS-Signal OK
- ◯ RC-Verbindung OK
- ◯ Flugmodus OK
- ◯ Propeller fest
- ◯ _____

Nach Start der Motoren

- ◯ Schwebeflug OK
- ◯ Flugverkehr (-)
- ◯ Reaktion RC OK
- ◯ Bildsignal OK
- ◯ Störquellen (-)
- ◯ _____

Flugdaten

Flugnummer	Datum** _(TT.MM.JJJJ)_	Uhrzeit** _(hh:mm)_
		:

Steuerer** _(Kürzel)_	System /Gerät**	Flugdauer** _(hh:mm)_
		:

Zweck	Wetter / Wind _(km/h)_	Anzahl Aufstiege**
	☀ ☁ 🌧	

Aufstiegs- und Einsatzort** _(Adresse / Koordinaten)_

Besonderheiten, Vorkomnisse, Betriebsstörungen**, Notizen

* Unkorrigierte GRC (bzw. ARC) abzüglich Schadensminimierung/ Barrieren
**Pflichtangaben gemäß "Gemeinsame Grundsätze". Die Aufzeichnungen sind 2 Jahre aufzubewahren!

Packliste

- ◯ UAV mit Zubehör
- ◯ Absperrmaterial
- ◯ _____
- ◯ Erste-Hilfe-Kit
- ◯ Feuerlöscher
- ◯ _____
- ◯ Dokumente
- ◯ Weste / Helm
- ◯ _____

SORA   Pre-Start-Checkup

1) **SORA** *nötig?* (+) (-)
2) **GRC** *korrigiert** ____
3) **ARC** *korrigiert** ____
4) **Risikoklasse** ____
5) **ConOps** *erstellt* (+) (-)

- ◯ Mental bereit
- ◯ Abruf NOTAM
- ◯ Genehmigungen
- ◯ Flugverbote (-)
- ◯ Freigabe Tower
- ◯ Akkucheck UAS/RC
- ◯ Flugbereich sicher
- ◯ Polizei/O-Amt Info
- ◯ Kontrollzone (-)
- ◯ _____

Vor Start der Motoren

- ◯ Beleuchtung OK
- ◯ GPS-Signal OK
- ◯ RC-Verbindung OK
- ◯ Flugmodus OK
- ◯ Propeller fest
- ◯ _____

Nach Start der Motoren

- ◯ Schwebeflug OK
- ◯ Flugverkehr (-)
- ◯ Reaktion RC OK
- ◯ Bildsignal OK
- ◯ Störquellen (-)
- ◯ _____

Flugdaten

Flugnummer

Datum** *(TT.MM.JJJJ)*

Uhrzeit** *(hh:mm)* :

Steuerer** *(Kürzel)*

System /Gerät**

Flugdauer** *(hh:mm)* :

Zweck

Wetter / Wind *(km/h)*

Anzahl Aufstiege**

Aufstiegs- und Einsatzort** *(Adresse / Koordinaten)*

Besonderheiten, Vorkommnisse, Betriebsstörungen**, Notizen

* Unkorrigierte GRC (bzw. ARC) abzüglich Schadensminimierung/ Barrieren
**Pflichtangaben gemäß "Gemeinsame Grundsätze". Die Aufzeichnungen sind 2 Jahre aufzubewahren!

Packliste

- ○ UAV mit Zubehör
- ○ Erste-Hilfe-Kit
- ○ Dokumente
- ○ Absperrmaterial
- ○ Feuerlöscher
- ○ Weste / Helm
- ○ _____
- ○ _____
- ○ _____

SORA

1) **SORA** *nötig?* (+) (-)
2) **GRC** *korrigiert** _____
3) **ARC** *korrigiert** _____
4) **Risikoklasse** _____
5) **ConOps** *erstellt* (+) (-)

Pre-Start-Checkup

- ○ Mental bereit
- ○ Abruf NOTAM
- ○ Genehmigungen
- ○ Flugverbote (-)
- ○ Freigabe Tower
- ○ Akkucheck UAS/RC
- ○ Flugbereich sicher
- ○ Polizei/O-Amt Info
- ○ Kontrollzone (-)
- ○ _____

Vor Start der Motoren

- ○ Beleuchtung OK
- ○ RC-Verbindung OK
- ○ Propeller fest
- ○ GPS-Signal OK
- ○ Flugmodus OK
- ○ _____

Nach Start der Motoren

- ○ Schwebeflug OK
- ○ Reaktion RC OK
- ○ Störquellen (-)
- ○ Flugverkehr (-)
- ○ Bildsignal OK
- ○ _____

Flugdaten

Flugnummer

Datum** *(TT.MM.JJJJ)*

Uhrzeit** *(hh:mm)* :

Steuerer** *(Kürzel)*

System /Gerät**

Flugdauer** *(hh:mm)* :

Zweck

Wetter / Wind *(km/h)*

Anzahl Aufstiege**

Aufstiegs- und Einsatzort** *(Adresse / Koordinaten)*

Besonderheiten, Vorkomnisse, Betriebsstörungen**, Notizen

* Unkorrigierte GRC (bzw. ARC) abzüglich Schadensminimierung/ Barrieren
**Pflichtangaben gemäß "Gemeinsame Grundsätze". Die Aufzeichnungen sind 2 Jahre aufzubewahren!

Packliste

- ◯ UAV mit Zubehör
- ◯ Absperrmaterial
- ◯ _____
- ◯ Erste-Hilfe-Kit
- ◯ Feuerlöscher
- ◯ _____
- ◯ Dokumente
- ◯ Weste / Helm
- ◯ _____

SORA

1) **SORA** _nötig?_ (+) (−)
2) **GRC** _korrigiert*_ ____
3) **ARC** _korrigiert*_ ____
4) **Risikoklasse** ____
5) **ConOps** _erstellt_ (+) (−)

Pre-Start-Checkup

- ◯ Mental bereit
- ◯ Abruf NOTAM
- ◯ Genehmigungen
- ◯ Flugverbote (−)
- ◯ Freigabe Tower
- ◯ Akkucheck UAS/RC
- ◯ Flugbereich sicher
- ◯ Polizei/O-Amt Info
- ◯ Kontrollzone (−)
- ◯ _____

Vor Start der Motoren

- ◯ Beleuchtung OK
- ◯ GPS-Signal OK
- ◯ RC-Verbindung OK
- ◯ Flugmodus OK
- ◯ Propeller fest
- ◯ _____

Nach Start der Motoren

- ◯ Schwebeflug OK
- ◯ Flugverkehr (−)
- ◯ Reaktion RC OK
- ◯ Bildsignal OK
- ◯ Störquellen (−)
- ◯ _____

Flugdaten

Flugnummer	Datum** _(TT.MM.JJJJ)_	Uhrzeit** _(hh:mm)_
		:

Steuerer** _(Kürzel)_	System /Gerät**	Flugdauer** _(hh:mm)_
		:

Zweck	Wetter / Wind _(km/h)_	Anzahl Aufstiege**

Aufstiegs- und Einsatzort** _(Adresse / Koordinaten)_

Besonderheiten, Vorkommnisse, Betriebsstörungen**, Notizen

* Unkorrigierte GRC (bzw. ARC) abzüglich Schadensminimierung/ Barrieren
**Pflichtangaben gemäß "Gemeinsame Grundsätze". Die Aufzeichnungen sind 2 Jahre aufzubewahren!

Packliste

- ◯ UAV mit Zubehör
- ◯ Erste-Hilfe-Kit
- ◯ Dokumente
- ◯ Absperrmaterial
- ◯ Feuerlöscher
- ◯ Weste / Helm
- ◯ _____
- ◯ _____
- ◯ _____

SORA   Pre-Start-Checkup

1) **SORA** *nötig?* (+) (-)
2) **GRC** *korrigiert** ____
3) **ARC** *korrigiert** ____
4) **Risikoklasse** ____
5) **ConOps** *erstellt* (+) (-)

- ◯ Mental bereit
- ◯ Abruf NOTAM
- ◯ Genehmigungen
- ◯ Flugverbote (-)
- ◯ Freigabe Tower
- ◯ Akkucheck UAS/RC
- ◯ Flugbereich sicher
- ◯ Polizei/O-Amt Info
- ◯ Kontrollzone (-)
- ◯ _____

Vor Start der Motoren

- ◯ Beleuchtung OK
- ◯ RC-Verbindung OK
- ◯ Propeller fest
- ◯ GPS-Signal OK
- ◯ Flugmodus OK
- ◯ _____

Nach Start der Motoren

- ◯ Schwebeflug OK
- ◯ Reaktion RC OK
- ◯ Störquellen (-)
- ◯ Flugverkehr (-)
- ◯ Bildsignal OK
- ◯ _____

Flugdaten

Flugnummer	Datum** *(TT.MM.JJJJ)*	Uhrzeit** *(hh:mm)*
		:

Steuerer** *(Kürzel)*	System /Gerät**	Flugdauer** *(hh:mm)*
		:

Zweck	Wetter / Wind *(km/h)*	Anzahl Aufstiege**
	☀ ☁ 🌧	

Aufstiegs- und Einsatzort** *(Adresse / Koordinaten)*

Besonderheiten, Vorkommnisse, Betriebsstörungen**, Notizen

* Unkorrigierte GRC (bzw. ARC) abzüglich Schadensminimierung/ Barrieren
**Pflichtangaben gemäß "Gemeinsame Grundsätze". Die Aufzeichnungen sind 2 Jahre aufzubewahren!

Packliste

- ◯ UAV mit Zubehör
- ◯ Absperrmaterial
- ◯ _____
- ◯ Erste-Hilfe-Kit
- ◯ Feuerlöscher
- ◯ _____
- ◯ Dokumente
- ◯ Weste / Helm
- ◯ _____

SORA

1) **SORA** *nötig?* (+) (−)
2) **GRC** *korrigiert** _____
3) **ARC** *korrigiert** _____
4) **Risikoklasse** _____
5) **ConOps** *erstellt* (+) (−)

Pre-Start-Checkup

- ◯ Mental bereit
- ◯ Abruf NOTAM
- ◯ Genehmigungen
- ◯ Flugverbote (−)
- ◯ Freigabe Tower
- ◯ Akkucheck UAS/RC
- ◯ Flugbereich sicher
- ◯ Polizei/O-Amt Info
- ◯ Kontrollzone (−)
- ◯ _____

Vor Start der Motoren

- ◯ Beleuchtung OK
- ◯ GPS-Signal OK
- ◯ RC-Verbindung OK
- ◯ Flugmodus OK
- ◯ Propeller fest
- ◯ _____

Nach Start der Motoren

- ◯ Schwebeflug OK
- ◯ Flugverkehr (−)
- ◯ Reaktion RC OK
- ◯ Bildsignal OK
- ◯ Störquellen (−)
- ◯ _____

Flugdaten

Flugnummer	Datum** *(TT.MM.JJJJ)*	Uhrzeit** *(hh:mm)*
		:
Steuerer** *(Kürzel)*	System /Gerät**	Flugdauer** *(hh:mm)*
		:
Zweck	Wetter / Wind *(km/h)*	Anzahl Aufstiege**
	☀ ☁ 🌧	

Aufstiegs- und Einsatzort** *(Adresse / Koordinaten)*

Besonderheiten, Vorkommnisse, Betriebsstörungen**, Notizen

* Unkorrigierte GRC (bzw. ARC) abzüglich Schadensminimierung/ Barrieren
**Pflichtangaben gemäß "Gemeinsame Grundsätze". Die Aufzeichnungen sind 2 Jahre aufzubewahren!

Packliste

- ◯ UAV mit Zubehör
- ◯ Absperrmaterial
- ◯ _____
- ◯ Erste-Hilfe-Kit
- ◯ Feuerlöscher
- ◯ _____
- ◯ Dokumente
- ◯ Weste / Helm
- ◯ _____

SORA

1) **SORA** *nötig?* (+) (-)
2) **GRC** *korrigiert** _____
3) **ARC** *korrigiert** _____
4) **Risikoklasse** _____
5) **ConOps** *erstellt* (+) (-)

Pre-Start-Checkup

- ◯ Mental bereit
- ◯ Abruf NOTAM
- ◯ Genehmigungen
- ◯ Flugverbote (-)
- ◯ Freigabe Tower
- ◯ Akkucheck UAS/RC
- ◯ Flugbereich sicher
- ◯ Polizei/O-Amt Info
- ◯ Kontrollzone (-)

Vor Start der Motoren

- ◯ Beleuchtung OK
- ◯ GPS-Signal OK
- ◯ RC-Verbindung OK
- ◯ Flugmodus OK
- ◯ Propeller fest
- ◯ _____

Nach Start der Motoren

- ◯ Schwebeflug OK
- ◯ Flugverkehr (-)
- ◯ Reaktion RC OK
- ◯ Bildsignal OK
- ◯ Störquellen (-)
- ◯ _____

Flugdaten

Flugnummer	Datum** *(TT.MM.JJJJ)*	Uhrzeit** *(hh:mm)*
		:
Steuerer** *(Kürzel)*	**System /Gerät****	**Flugdauer**** *(hh:mm)*
		:
Zweck	**Wetter / Wind** *(km/h)*	**Anzahl Aufstiege****

Aufstiegs- und Einsatzort** *(Adresse / Koordinaten)*

Besonderheiten, Vorkommnisse, Betriebsstörungen**, Notizen

* Unkorrigierte GRC (bzw. ARC) abzüglich Schadensminimierung/ Barrieren
**Pflichtangaben gemäß "Gemeinsame Grundsätze". Die Aufzeichnungen sind 2 Jahre aufzubewahren!

Packliste

- ○ UAV mit Zubehör
- ○ Absperrmaterial
- ○ _____
- ○ Erste-Hilfe-Kit
- ○ Feuerlöscher
- ○ _____
- ○ Dokumente
- ○ Weste / Helm
- ○ _____

SORA

1) **SORA** *nötig?* (+) (-)
2) **GRC** *korrigiert** _____
3) **ARC** *korrigiert** _____
4) **Risikoklasse** _____
5) **ConOps** *erstellt* (+) (-)

Pre-Start-Checkup

- ○ Mental bereit
- ○ Abruf NOTAM
- ○ Genehmigungen
- ○ Flugverbote (-)
- ○ Freigabe Tower
- ○ Akkucheck UAS/RC
- ○ Flugbereich sicher
- ○ Polizei/O-Amt Info
- ○ Kontrollzone (-)
- ○ _____

Vor Start der Motoren

- ○ Beleuchtung OK
- ○ GPS-Signal OK
- ○ RC-Verbindung OK
- ○ Flugmodus OK
- ○ Propeller fest
- ○ _____

Nach Start der Motoren

- ○ Schwebeflug OK
- ○ Flugverkehr (-)
- ○ Reaktion RC OK
- ○ Bildsignal OK
- ○ Störquellen (-)
- ○ _____

Flugdaten

Flugnummer

Datum** *(TT.MM.JJJJ)*

Uhrzeit** *(hh:mm)* :

Steuerer** *(Kürzel)*

System /Gerät**

Flugdauer** *(hh:mm)* :

Zweck

Wetter / Wind *(km/h)*

Anzahl Aufstiege**

Aufstiegs- und Einsatzort** *(Adresse / Koordinaten)*

Besonderheiten, Vorkommnisse, Betriebsstörungen**, Notizen

* Unkorrigierte GRC (bzw. ARC) abzüglich Schadensminimierung/ Barrieren
**Pflichtangaben gemäß "Gemeinsame Grundsätze". Die Aufzeichnungen sind 2 Jahre aufzubewahren!

Packliste

- ◯ UAV mit Zubehör
- ◯ Absperrmaterial
- ◯ _____
- ◯ Erste-Hilfe-Kit
- ◯ Feuerlöscher
- ◯ _____
- ◯ Dokumente
- ◯ Weste / Helm
- ◯ _____

SORA

1) **SORA** *nötig?* (+) (−)
2) **GRC** *korrigiert** _____
3) **ARC** *korrigiert** _____
4) **Risikoklasse** _____
5) **ConOps** *erstellt* (+) (−)

Pre-Start-Checkup

- ◯ Mental bereit
- ◯ Abruf NOTAM
- ◯ Genehmigungen
- ◯ Flugverbote (−)
- ◯ Freigabe Tower
- ◯ Akkucheck UAS/RC
- ◯ Flugbereich sicher
- ◯ Polizei/O-Amt Info
- ◯ Kontrollzone (−)
- ◯ _____

Vor Start der Motoren

- ◯ Beleuchtung OK
- ◯ GPS-Signal OK
- ◯ RC-Verbindung OK
- ◯ Flugmodus OK
- ◯ Propeller fest
- ◯ _____

Nach Start der Motoren

- ◯ Schwebeflug OK
- ◯ Flugverkehr (−)
- ◯ Reaktion RC OK
- ◯ Bildsignal OK
- ◯ Störquellen (−)
- ◯ _____

Flugdaten

Flugnummer	Datum** *(TT.MM.JJJJ)*	Uhrzeit** *(hh:mm)*
		:
Steuerer** *(Kürzel)*	System /Gerät**	Flugdauer** *(hh:mm)*
		:
Zweck	Wetter / Wind *(km/h)*	Anzahl Aufstiege**

Aufstiegs- und Einsatzort** *(Adresse / Koordinaten)*

Besonderheiten, Vorkommnisse, Betriebsstörungen**, Notizen

* Unkorrigierte GRC (bzw. ARC) abzüglich Schadensminimierung/ Barrieren
**Pflichtangaben gemäß "Gemeinsame Grundsätze". Die Aufzeichnungen sind 2 Jahre aufzubewahren!

Packliste

- ◯ UAV mit Zubehör
- ◯ Absperrmaterial
- ◯ _____
- ◯ Erste-Hilfe-Kit
- ◯ Feuerlöscher
- ◯ _____
- ◯ Dokumente
- ◯ Weste / Helm
- ◯ _____

SORA

1) **SORA** *nötig?* (+) (−)
2) **GRC** *korrigiert** _____
3) **ARC** *korrigiert** _____
4) **Risikoklasse** _____
5) **ConOps** *erstellt* (+) (−)

Pre-Start-Checkup

- ◯ Mental bereit
- ◯ Abruf NOTAM
- ◯ Genehmigungen
- ◯ Flugverbote (−)
- ◯ Freigabe Tower
- ◯ Akkucheck UAS/RC
- ◯ Flugbereich sicher
- ◯ Polizei/O-Amt Info
- ◯ Kontrollzone (−)
- ◯ _____

Vor Start der Motoren

- ◯ Beleuchtung OK
- ◯ GPS-Signal OK
- ◯ RC-Verbindung OK
- ◯ Flugmodus OK
- ◯ Propeller fest
- ◯ _____

Nach Start der Motoren

- ◯ Schwebeflug OK
- ◯ Flugverkehr (−)
- ◯ Reaktion RC OK
- ◯ Bildsignal OK
- ◯ Störquellen (−)
- ◯ _____

Flugdaten

Flugnummer	Datum** *(TT.MM.JJJJ)*	Uhrzeit** *(hh:mm)*
		:
Steuerer** *(Kürzel)*	System /Gerät**	Flugdauer** *(hh:mm)*
		:
Zweck	Wetter / Wind *(km/h)*	Anzahl Aufstiege**

Aufstiegs- und Einsatzort** *(Adresse / Koordinaten)*

Besonderheiten, Vorkommnisse, Betriebsstörungen**, Notizen

* Unkorrigierte GRC (bzw. ARC) abzüglich Schadensminimierung/ Barrieren
**Pflichtangaben gemäß "Gemeinsame Grundsätze". Die Aufzeichnungen sind 2 Jahre aufzubewahren!

Packliste

- ◯ UAV mit Zubehör
- ◯ Absperrmaterial
- ◯ _____
- ◯ Erste-Hilfe-Kit
- ◯ Feuerlöscher
- ◯ _____
- ◯ Dokumente
- ◯ Weste / Helm
- ◯ _____

SORA

1) **SORA** *nötig?* (+) (-)
2) **GRC** *korrigiert** _____
3) **ARC** *korrigiert** _____
4) **Risikoklasse** _____
5) **ConOps** *erstellt* (+) (-)

Pre-Start-Checkup

- ◯ Mental bereit
- ◯ Abruf NOTAM
- ◯ Genehmigungen
- ◯ Flugverbote (-)
- ◯ Freigabe Tower
- ◯ Akkucheck UAS/RC
- ◯ Flugbereich sicher
- ◯ Polizei/O-Amt Info
- ◯ Kontrollzone (-)
- ◯ _____

Vor Start der Motoren

- ◯ Beleuchtung OK
- ◯ GPS-Signal OK
- ◯ RC-Verbindung OK
- ◯ Flugmodus OK
- ◯ Propeller fest
- ◯ _____

Nach Start der Motoren

- ◯ Schwebeflug OK
- ◯ Flugverkehr (-)
- ◯ Reaktion RC OK
- ◯ Bildsignal OK
- ◯ Störquellen (-)
- ◯ _____

Flugdaten

- Flugnummer
- Datum** *(TT.MM.JJJJ)*
- Uhrzeit** *(hh:mm)*
- Steuerer** *(Kürzel)*
- System /Gerät**
- Flugdauer** *(hh:mm)*
- Zweck
- Wetter / Wind *(km/h)*
- Anzahl Aufstiege**
- Aufstiegs- und Einsatzort** *(Adresse / Koordinaten)*
- Besonderheiten, Vorkommnisse, Betriebsstörungen**, Notizen

* Unkorrigierte GRC (bzw. ARC) abzüglich Schadensminimierung/ Barrieren
**Pflichtangaben gemäß "Gemeinsame Grundsätze". Die Aufzeichnungen sind 2 Jahre aufzubewahren!

Packliste

- ◯ UAV mit Zubehör
- ◯ Absperrmaterial
- ◯ _____
- ◯ Erste-Hilfe-Kit
- ◯ Feuerlöscher
- ◯ _____
- ◯ Dokumente
- ◯ Weste / Helm
- ◯ _____

SORA

1) **SORA** *nötig?* (+) (-)
2) **GRC** *korrigiert** _____
3) **ARC** *korrigiert** _____
4) **Risikoklasse** _____
5) **ConOps** *erstellt* (+) (-)

Pre-Start-Checkup

- ◯ Mental bereit
- ◯ Abruf NOTAM
- ◯ Genehmigungen
- ◯ Flugverbote (-)
- ◯ Freigabe Tower
- ◯ Akkucheck UAS/RC
- ◯ Flugbereich sicher
- ◯ Polizei/O-Amt Info
- ◯ Kontrollzone (-)
- ◯ _____

Vor Start der Motoren

- ◯ Beleuchtung OK
- ◯ GPS-Signal OK
- ◯ RC-Verbindung OK
- ◯ Flugmodus OK
- ◯ Propeller fest
- ◯ _____

Nach Start der Motoren

- ◯ Schwebeflug OK
- ◯ Flugverkehr (-)
- ◯ Reaktion RC OK
- ◯ Bildsignal OK
- ◯ Störquellen (-)
- ◯ _____

Flugdaten

Flugnummer	Datum** *(TT.MM.JJJJ)*	Uhrzeit** *(hh:mm)*
		:
Steuerer** *(Kürzel)*	**System /Gerät****	**Flugdauer**** *(hh:mm)*
		:
Zweck	**Wetter / Wind** *(km/h)*	**Anzahl Aufstiege****
	☀ ☁ 🌧	

Aufstiegs- und Einsatzort** *(Adresse / Koordinaten)*

Besonderheiten, Vorkommnisse, Betriebsstörungen**, Notizen

* Unkorrigierte GRC (bzw. ARC) abzüglich Schadensminimierung/ Barrieren
**Pflichtangaben gemäß "Gemeinsame Grundsätze". Die Aufzeichnungen sind 2 Jahre aufzubewahren!

Packliste

- ○ UAV mit Zubehör
- ○ Absperrmaterial
- ○ _____
- ○ Erste-Hilfe-Kit
- ○ Feuerlöscher
- ○ _____
- ○ Dokumente
- ○ Weste / Helm
- ○ _____

SORA

1) **SORA** *nötig?* (+) (-)
2) **GRC** *korrigiert** _____
3) **ARC** *korrigiert** _____
4) **Risikoklasse** _____
5) **ConOps** *erstellt* (+) (-)

Pre-Start-Checkup

- ○ Mental bereit
- ○ Abruf NOTAM
- ○ Genehmigungen
- ○ Flugverbote (-)
- ○ Freigabe Tower
- ○ Akkucheck UAS/RC
- ○ Flugbereich sicher
- ○ Polizei/O-Amt Info
- ○ Kontrollzone (-)
- ○ _____

Vor Start der Motoren

- ○ Beleuchtung OK
- ○ GPS-Signal OK
- ○ RC-Verbindung OK
- ○ Flugmodus OK
- ○ Propeller fest
- ○ _____

Nach Start der Motoren

- ○ Schwebeflug OK
- ○ Flugverkehr (-)
- ○ Reaktion RC OK
- ○ Bildsignal OK
- ○ Störquellen (-)
- ○ _____

Flugdaten

Flugnummer	Datum** *(TT.MM.JJJJ)*	Uhrzeit** *(hh:mm)*
		:
Steuerer** *(Kürzel)*	**System /Gerät****	**Flugdauer**** *(hh:mm)*
		:
Zweck	**Wetter / Wind** *(km/h)*	**Anzahl Aufstiege****
	☀ ☁ 🌧	

Aufstiegs- und Einsatzort** *(Adresse / Koordinaten)*

Besonderheiten, Vorkommnisse, Betriebsstörungen**, Notizen

* Unkorrigierte GRC (bzw. ARC) abzüglich Schadensminimierung/ Barrieren
**Pflichtangaben gemäß "Gemeinsame Grundsätze". Die Aufzeichnungen sind 2 Jahre aufzubewahren!

Packliste

- ○ UAV mit Zubehör
- ○ Absperrmaterial
- ○ _____
- ○ Erste-Hilfe-Kit
- ○ Feuerlöscher
- ○ _____
- ○ Dokumente
- ○ Weste / Helm
- ○ _____

SORA   Pre-Start-Checkup

1) **SORA** *nötig?* (+) (−)
2) **GRC** *korrigiert** ____
3) **ARC** *korrigiert** ____
4) **Risikoklasse** ____
5) **ConOps** *erstellt* (+) (−)

- ○ Mental bereit
- ○ Abruf NOTAM
- ○ Genehmigungen
- ○ Flugverbote (−)
- ○ Freigabe Tower
- ○ Akkucheck UAS/RC
- ○ Flugbereich sicher
- ○ Polizei/O-Amt Info
- ○ Kontrollzone (−)
- ○ _____

Vor Start der Motoren

- ○ Beleuchtung OK
- ○ GPS-Signal OK
- ○ RC-Verbindung OK
- ○ Flugmodus OK
- ○ Propeller fest
- ○ _____

Nach Start der Motoren

- ○ Schwebeflug OK
- ○ Flugverkehr (−)
- ○ Reaktion RC OK
- ○ Bildsignal OK
- ○ Störquellen (−)
- ○ _____

Flugdaten

Flugnummer	Datum** *(TT.MM.JJJJ)*	Uhrzeit** *(hh:mm)*
		:
Steuerer** *(Kürzel)*	System /Gerät**	Flugdauer** *(hh:mm)*
		:
Zweck	Wetter / Wind *(km/h)*	Anzahl Aufstiege**
	☀ ☁ 🌧	

Aufstiegs- und Einsatzort** *(Adresse / Koordinaten)*

Besonderheiten, Vorkommnisse, Betriebsstörungen**, Notizen

* Unkorrigierte GRC (bzw. ARC) abzüglich Schadensminimierung/ Barrieren
**Pflichtangaben gemäß "Gemeinsame Grundsätze". Die Aufzeichnungen sind 2 Jahre aufzubewahren!

Packliste

- ◯ UAV mit Zubehör
- ◯ Absperrmaterial
- ◯ _____
- ◯ Erste-Hilfe-Kit
- ◯ Feuerlöscher
- ◯ _____
- ◯ Dokumente
- ◯ Weste / Helm
- ◯ _____

SORA

1) **SORA** *nötig?* (+) (-)
2) **GRC** *korrigiert** _____
3) **ARC** *korrigiert** _____
4) **Risikoklasse** _____
5) **ConOps** *erstellt* (+) (-)

Pre-Start-Checkup

- ◯ Mental bereit
- ◯ Abruf NOTAM
- ◯ Genehmigungen
- ◯ Flugverbote (-)
- ◯ Freigabe Tower
- ◯ Akkucheck UAS/RC
- ◯ Flugbereich sicher
- ◯ Polizei/O-Amt Info
- ◯ Kontrollzone (-)
- ◯ _____

Vor Start der Motoren

- ◯ Beleuchtung OK
- ◯ GPS-Signal OK
- ◯ RC-Verbindung OK
- ◯ Flugmodus OK
- ◯ Propeller fest
- ◯ _____

Nach Start der Motoren

- ◯ Schwebeflug OK
- ◯ Flugverkehr (-)
- ◯ Reaktion RC OK
- ◯ Bildsignal OK
- ◯ Störquellen (-)
- ◯ _____

Flugdaten

Flugnummer	Datum** *(TT.MM.JJJJ)*	Uhrzeit** *(hh:mm)*
		:

Steuerer** *(Kürzel)*	System /Gerät**	Flugdauer** *(hh:mm)*
		:

Zweck	Wetter / Wind *(km/h)*	Anzahl Aufstiege**
	☀ ☁ 🌧	

Aufstiegs- und Einsatzort** *(Adresse / Koordinaten)*

Besonderheiten, Vorkommnisse, Betriebsstörungen**, Notizen

* Unkorrigierte GRC (bzw. ARC) abzüglich Schadensminimierung/ Barrieren
**Pflichtangaben gemäß "Gemeinsame Grundsätze". Die Aufzeichnungen sind 2 Jahre aufzubewahren!

Packliste

- ◯ UAV mit Zubehör
- ◯ Absperrmaterial
- ◯ _____
- ◯ Erste-Hilfe-Kit
- ◯ Feuerlöscher
- ◯ _____
- ◯ Dokumente
- ◯ Weste / Helm
- ◯ _____

SORA

1) **SORA** *nötig?* (+) (−)
2) **GRC** *korrigiert** ____
3) **ARC** *korrigiert** ____
4) **Risikoklasse** ____
5) **ConOps** *erstellt* (+) (−)

Pre-Start-Checkup

- ◯ Mental bereit
- ◯ Abruf NOTAM
- ◯ Genehmigungen
- ◯ Flugverbote (−)
- ◯ Freigabe Tower
- ◯ Akkucheck UAS/RC
- ◯ Flugbereich sicher
- ◯ Polizei/O-Amt Info
- ◯ Kontrollzone (−)
- ◯ _____

Vor Start der Motoren

- ◯ Beleuchtung OK
- ◯ GPS-Signal OK
- ◯ RC-Verbindung OK
- ◯ Flugmodus OK
- ◯ Propeller fest
- ◯ _____

Nach Start der Motoren

- ◯ Schwebeflug OK
- ◯ Flugverkehr (−)
- ◯ Reaktion RC OK
- ◯ Bildsignal OK
- ◯ Störquellen (−)
- ◯ _____

Flugdaten

Flugnummer	Datum** *(TT.MM.JJJJ)*	Uhrzeit** *(hh:mm)*
		:

Steuerer** *(Kürzel)*	System /Gerät**	Flugdauer** *(hh:mm)*
		:

Zweck	Wetter / Wind *(km/h)*	Anzahl Aufstiege**

Aufstiegs- und Einsatzort** *(Adresse / Koordinaten)*

Besonderheiten, Vorkommnisse, Betriebsstörungen**, Notizen

* Unkorrigierte GRC (bzw. ARC) abzüglich Schadensminimierung/ Barrieren
**Pflichtangaben gemäß "Gemeinsame Grundsätze". Die Aufzeichnungen sind 2 Jahre aufzubewahren!

Packliste

- ◯ UAV mit Zubehör
- ◯ Absperrmaterial
- ◯ _____
- ◯ Erste-Hilfe-Kit
- ◯ Feuerlöscher
- ◯ _____
- ◯ Dokumente
- ◯ Weste / Helm
- ◯ _____

SORA   Pre-Start-Checkup

1) **SORA** *nötig?* (+) (-)
2) **GRC** *korrigiert** _____
3) **ARC** *korrigiert** _____
4) **Risikoklasse** _____
5) **ConOps** *erstellt* (+) (-)

- ◯ Mental bereit
- ◯ Abruf NOTAM
- ◯ Genehmigungen
- ◯ Flugverbote (-)
- ◯ Freigabe Tower
- ◯ Akkucheck UAS/RC
- ◯ Flugbereich sicher
- ◯ Polizei/O-Amt Info
- ◯ Kontrollzone (-)
- ◯ _____

Vor Start der Motoren

- ◯ Beleuchtung OK
- ◯ GPS-Signal OK
- ◯ RC-Verbindung OK
- ◯ Flugmodus OK
- ◯ Propeller fest
- ◯ _____

Nach Start der Motoren

- ◯ Schwebeflug OK
- ◯ Flugverkehr (-)
- ◯ Reaktion RC OK
- ◯ Bildsignal OK
- ◯ Störquellen (-)
- ◯ _____

Flugdaten

Flugnummer	Datum** *(TT.MM.JJJJ)*	Uhrzeit** *(hh:mm)*
		:
Steuerer** *(Kürzel)*	System /Gerät**	Flugdauer** *(hh:mm)*
		:
Zweck	Wetter / Wind *(km/h)*	Anzahl Aufstiege**
	☀ ☁ 🌧	

Aufstiegs- und Einsatzort** *(Adresse / Koordinaten)*

Besonderheiten, Vorkommnisse, Betriebsstörungen**, Notizen

* Unkorrigierte GRC (bzw. ARC) abzüglich Schadensminimierung/ Barrieren
**Pflichtangaben gemäß "Gemeinsame Grundsätze". Die Aufzeichnungen sind 2 Jahre aufzubewahren!

Packliste

- ◯ UAV mit Zubehör
- ◯ Absperrmaterial
- ◯ _____
- ◯ Erste-Hilfe-Kit
- ◯ Feuerlöscher
- ◯ _____
- ◯ Dokumente
- ◯ Weste / Helm
- ◯ _____

SORA

1) **SORA** *nötig?* (+) (-)
2) **GRC** *korrigiert** ____
3) **ARC** *korrigiert** ____
4) **Risikoklasse** ____
5) **ConOps** *erstellt* (+) (-)

Pre-Start-Checkup

- ◯ Mental bereit
- ◯ Abruf NOTAM
- ◯ Genehmigungen
- ◯ Flugverbote (-)
- ◯ Freigabe Tower
- ◯ Akkucheck UAS/RC
- ◯ Flugbereich sicher
- ◯ Polizei/O-Amt Info
- ◯ Kontrollzone (-)
- ◯ _____

Vor Start der Motoren

- ◯ Beleuchtung OK
- ◯ GPS-Signal OK
- ◯ RC-Verbindung OK
- ◯ Flugmodus OK
- ◯ Propeller fest
- ◯ _____

Nach Start der Motoren

- ◯ Schwebeflug OK
- ◯ Flugverkehr (-)
- ◯ Reaktion RC OK
- ◯ Bildsignal OK
- ◯ Störquellen (-)
- ◯ _____

Flugdaten

Flugnummer

Datum** *(TT.MM.JJJJ)*

Uhrzeit** *(hh:mm)* :

Steuerer** *(Kürzel)*

System /Gerät**

Flugdauer** *(hh:mm)* :

Zweck

Wetter / Wind *(km/h)*

Anzahl Aufstiege**

Aufstiegs- und Einsatzort** *(Adresse / Koordinaten)*

Besonderheiten, Vorkommnisse, Betriebsstörungen**, Notizen

---

* Unkorrigierte GRC (bzw. ARC) abzüglich Schadensminimierung/ Barrieren
**Pflichtangaben gemäß "Gemeinsame Grundsätze". Die Aufzeichnungen sind 2 Jahre aufzubewahren!

Packliste

- ◯ UAV mit Zubehör
- ◯ Absperrmaterial
- ◯ _____
- ◯ Erste-Hilfe-Kit
- ◯ Feuerlöscher
- ◯ _____
- ◯ Dokumente
- ◯ Weste / Helm
- ◯ _____

SORA

1) **SORA** *nötig?* (+) (−)
2) **GRC** *korrigiert** _____
3) **ARC** *korrigiert** _____
4) **Risikoklasse** _____
5) **ConOps** *erstellt* (+) (−)

Pre-Start-Checkup

- ◯ Mental bereit
- ◯ Abruf NOTAM
- ◯ Genehmigungen
- ◯ Flugverbote (−)
- ◯ Freigabe Tower
- ◯ Akkucheck UAS/RC
- ◯ Flugbereich sicher
- ◯ Polizei/O-Amt Info
- ◯ Kontrollzone (−)
- ◯ _____

Vor Start der Motoren

- ◯ Beleuchtung OK
- ◯ GPS-Signal OK
- ◯ RC-Verbindung OK
- ◯ Flugmodus OK
- ◯ Propeller fest
- ◯ _____

Nach Start der Motoren

- ◯ Schwebeflug OK
- ◯ Flugverkehr (−)
- ◯ Reaktion RC OK
- ◯ Bildsignal OK
- ◯ Störquellen (−)
- ◯ _____

Flugdaten

Flugnummer	Datum** *(TT.MM.JJJJ)*	Uhrzeit** *(hh:mm)*
		:

Steuerer** *(Kürzel)*	System /Gerät**	Flugdauer** *(hh:mm)*
		:

Zweck	Wetter / Wind *(km/h)*	Anzahl Aufstiege**
	☀ ☁ 🌧	

Aufstiegs- und Einsatzort** *(Adresse / Koordinaten)*

Besonderheiten, Vorkommnisse, Betriebsstörungen**, Notizen

* Unkorrigierte GRC (bzw. ARC) abzüglich Schadensminimierung/ Barrieren
**Pflichtangaben gemäß "Gemeinsame Grundsätze". Die Aufzeichnungen sind 2 Jahre aufzubewahren!

Packliste

- ◯ UAV mit Zubehör
- ◯ Absperrmaterial
- ◯ _____
- ◯ Erste-Hilfe-Kit
- ◯ Feuerlöscher
- ◯ _____
- ◯ Dokumente
- ◯ Weste / Helm
- ◯ _____

SORA Pre-Start-Checkup

1) **SORA** *nötig?* (+) (-)
2) **GRC** *korrigiert** ____
3) **ARC** *korrigiert** ____
4) **Risikoklasse** ____
5) **ConOps** *erstellt* (+) (-)

- ◯ Mental bereit
- ◯ Abruf NOTAM
- ◯ Genehmigungen
- ◯ Flugverbote (-)
- ◯ Freigabe Tower
- ◯ Akkucheck UAS/RC
- ◯ Flugbereich sicher
- ◯ Polizei/O-Amt Info
- ◯ Kontrollzone (-)
- ◯ _____

Vor Start der Motoren

- ◯ Beleuchtung OK
- ◯ GPS-Signal OK
- ◯ RC-Verbindung OK
- ◯ Flugmodus OK
- ◯ Propeller fest
- ◯ _____

Nach Start der Motoren

- ◯ Schwebeflug OK
- ◯ Flugverkehr (-)
- ◯ Reaktion RC OK
- ◯ Bildsignal OK
- ◯ Störquellen (-)
- ◯ _____

Flugdaten

Flugnummer	Datum** *(TT.MM.JJJJ)*	Uhrzeit** *(hh:mm)*
		:

Steuerer** *(Kürzel)*	System /Gerät**	Flugdauer** *(hh:mm)*
		:

Zweck	Wetter / Wind *(km/h)*	Anzahl Aufstiege**

Aufstiegs- und Einsatzort** *(Adresse / Koordinaten)*

Besonderheiten, Vorkommnisse, Betriebsstörungen**, Notizen

* Unkorrigierte GRC (bzw. ARC) abzüglich Schadensminimierung/ Barrieren
**Pflichtangaben gemäß "Gemeinsame Grundsätze". Die Aufzeichnungen sind 2 Jahre aufzubewahren!

Packliste

- ◯ UAV mit Zubehör
- ◯ Absperrmaterial
- ◯ _____
- ◯ Erste-Hilfe-Kit
- ◯ Feuerlöscher
- ◯ _____
- ◯ Dokumente
- ◯ Weste / Helm
- ◯ _____

SORA

1) **SORA** *nötig?* (+) (-)
2) **GRC** *korrigiert** _____
3) **ARC** *korrigiert** _____
4) **Risikoklasse** _____
5) **ConOps** *erstellt* (+) (-)

Pre-Start-Checkup

- ◯ Mental bereit
- ◯ Abruf NOTAM
- ◯ Genehmigungen
- ◯ Flugverbote (-)
- ◯ Freigabe Tower
- ◯ Akkucheck UAS/RC
- ◯ Flugbereich sicher
- ◯ Polizei/O-Amt Info
- ◯ Kontrollzone (-)
- ◯ _____

Vor Start der Motoren

- ◯ Beleuchtung OK
- ◯ GPS-Signal OK
- ◯ RC-Verbindung OK
- ◯ Flugmodus OK
- ◯ Propeller fest
- ◯ _____

Nach Start der Motoren

- ◯ Schwebeflug OK
- ◯ Flugverkehr (-)
- ◯ Reaktion RC OK
- ◯ Bildsignal OK
- ◯ Störquellen (-)
- ◯ _____

Flugdaten

Flugnummer	Datum** *(TT.MM.JJJJ)*	Uhrzeit** *(hh:mm)*
		:

Steuerer** *(Kürzel)*	System /Gerät**	Flugdauer** *(hh:mm)*
		:

Zweck	Wetter / Wind *(km/h)* ☀ ☁ 🌧	Anzahl Aufstiege**

Aufstiegs- und Einsatzort** *(Adresse / Koordinaten)*

Besonderheiten, Vorkommnisse, Betriebsstörungen**, Notizen

* Unkorrigierte GRC (bzw. ARC) abzüglich Schadensminimierung/ Barrieren
**Pflichtangaben gemäß "Gemeinsame Grundsätze". Die Aufzeichnungen sind 2 Jahre aufzubewahren!

Packliste

- ◯ UAV mit Zubehör
- ◯ Absperrmaterial
- ◯ _____
- ◯ Erste-Hilfe-Kit
- ◯ Feuerlöscher
- ◯ _____
- ◯ Dokumente
- ◯ Weste / Helm
- ◯ _____

SORA

1) **SORA** *nötig?* (+) (−)
2) **GRC** *korrigiert** _____
3) **ARC** *korrigiert** _____
4) **Risikoklasse** _____
5) **ConOps** *erstellt* (+) (−)

Pre-Start-Checkup

- ◯ Mental bereit
- ◯ Abruf NOTAM
- ◯ Genehmigungen
- ◯ Flugverbote (−)
- ◯ Freigabe Tower
- ◯ Akkucheck UAS/RC
- ◯ Flugbereich sicher
- ◯ Polizei/O-Amt Info
- ◯ Kontrollzone (−)
- ◯ _____

Vor Start der Motoren

- ◯ Beleuchtung OK
- ◯ GPS-Signal OK
- ◯ RC-Verbindung OK
- ◯ Flugmodus OK
- ◯ Propeller fest
- ◯ _____

Nach Start der Motoren

- ◯ Schwebeflug OK
- ◯ Flugverkehr (−)
- ◯ Reaktion RC OK
- ◯ Bildsignal OK
- ◯ Störquellen (−)
- ◯ _____

Flugdaten

Flugnummer	Datum** *(TT.MM.JJJJ)*	Uhrzeit** *(hh:mm)*
		:
Steuerer** *(Kürzel)*	**System /Gerät****	**Flugdauer**** *(hh:mm)*
		:
Zweck	**Wetter / Wind** *(km/h)*	**Anzahl Aufstiege****
	☀ ☁ 🌧	

Aufstiegs- und Einsatzort** *(Adresse / Koordinaten)*

Besonderheiten, Vorkommnisse, Betriebsstörungen**, Notizen

* Unkorrigierte GRC (bzw. ARC) abzüglich Schadensminimierung/ Barrieren
**Pflichtangaben gemäß "Gemeinsame Grundsätze". Die Aufzeichnungen sind 2 Jahre aufzubewahren!

Packliste

- ◯ UAV mit Zubehör
- ◯ Absperrmaterial
- ◯ _____
- ◯ Erste-Hilfe-Kit
- ◯ Feuerlöscher
- ◯ _____
- ◯ Dokumente
- ◯ Weste / Helm
- ◯ _____

SORA

1) **SORA** *nötig?* (+) (−)
2) **GRC** *korrigiert** _____
3) **ARC** *korrigiert** _____
4) **Risikoklasse** _____
5) **ConOps** *erstellt* (+) (−)

Pre-Start-Checkup

- ◯ Mental bereit
- ◯ Abruf NOTAM
- ◯ Genehmigungen
- ◯ Flugverbote (−)
- ◯ Freigabe Tower
- ◯ Akkucheck UAS/RC
- ◯ Flugbereich sicher
- ◯ Polizei/O-Amt Info
- ◯ Kontrollzone (−)
- ◯ _____

Vor Start der Motoren

- ◯ Beleuchtung OK
- ◯ GPS-Signal OK
- ◯ RC-Verbindung OK
- ◯ Flugmodus OK
- ◯ Propeller fest
- ◯ _____

Nach Start der Motoren

- ◯ Schwebeflug OK
- ◯ Flugverkehr (−)
- ◯ Reaktion RC OK
- ◯ Bildsignal OK
- ◯ Störquellen (−)
- ◯ _____

Flugdaten

Flugnummer	Datum** *(TT.MM.JJJJ)*	Uhrzeit** *(hh:mm)*
		:

Steuerer** *(Kürzel)*	System /Gerät**	Flugdauer** *(hh:mm)*
		:

Zweck	Wetter / Wind *(km/h)*	Anzahl Aufstiege**

Aufstiegs- und Einsatzort** *(Adresse / Koordinaten)*

Besonderheiten, Vorkommnisse, Betriebsstörungen**, Notizen

* Unkorrigierte GRC (bzw. ARC) abzüglich Schadensminimierung/ Barrieren
**Pflichtangaben gemäß "Gemeinsame Grundsätze". Die Aufzeichnungen sind 2 Jahre aufzubewahren!

Packliste

- ○ UAV mit Zubehör
- ○ Absperrmaterial
- ○ _____
- ○ Erste-Hilfe-Kit
- ○ Feuerlöscher
- ○ _____
- ○ Dokumente
- ○ Weste / Helm
- ○ _____

SORA

1) **SORA** *nötig?* (+) (-)
2) **GRC** *korrigiert** _____
3) **ARC** *korrigiert** _____
4) **Risikoklasse** _____
5) **ConOps** *erstellt* (+) (-)

Pre-Start-Checkup

- ○ Mental bereit
- ○ Abruf NOTAM
- ○ Genehmigungen
- ○ Flugverbote (-)
- ○ Freigabe Tower
- ○ Akkucheck UAS/RC
- ○ Flugbereich sicher
- ○ Polizei/O-Amt Info
- ○ Kontrollzone (-)
- ○ _____

Vor Start der Motoren

- ○ Beleuchtung OK
- ○ GPS-Signal OK
- ○ RC-Verbindung OK
- ○ Flugmodus OK
- ○ Propeller fest
- ○ _____

Nach Start der Motoren

- ○ Schwebeflug OK
- ○ Flugverkehr (-)
- ○ Reaktion RC OK
- ○ Bildsignal OK
- ○ Störquellen (-)
- ○ _____

Flugdaten

Flugnummer	Datum** *(TT.MM.JJJJ)*	Uhrzeit** *(hh:mm)*
		:
Steuerer** *(Kürzel)*	**System /Gerät****	**Flugdauer**** *(hh:mm)*
		:
Zweck	**Wetter / Wind** *(km/h)*	**Anzahl Aufstiege****

Aufstiegs- und Einsatzort** *(Adresse / Koordinaten)*

Besonderheiten, Vorkommnisse, Betriebsstörungen**, Notizen

* Unkorrigierte GRC (bzw. ARC) abzüglich Schadensminimierung/ Barrieren
**Pflichtangaben gemäß "Gemeinsame Grundsätze". Die Aufzeichnungen sind 2 Jahre aufzubewahren!

Packliste

- ◯ UAV mit Zubehör
- ◯ Absperrmaterial
- ◯ _____
- ◯ Erste-Hilfe-Kit
- ◯ Feuerlöscher
- ◯ _____
- ◯ Dokumente
- ◯ Weste / Helm
- ◯ _____

SORA   Pre-Start-Checkup

1) **SORA** *nötig?* (+) (-)
2) **GRC** *korrigiert** _____
3) **ARC** *korrigiert** _____
4) **Risikoklasse** _____
5) **ConOps** *erstellt* (+) (-)

- ◯ Mental bereit
- ◯ Abruf NOTAM
- ◯ Genehmigungen
- ◯ Flugverbote (-)
- ◯ Freigabe Tower
- ◯ Akkucheck UAS/RC
- ◯ Flugbereich sicher
- ◯ Polizei/O-Amt Info
- ◯ Kontrollzone (-)
- ◯ _____

Vor Start der Motoren

- ◯ Beleuchtung OK
- ◯ GPS-Signal OK
- ◯ RC-Verbindung OK
- ◯ Flugmodus OK
- ◯ Propeller fest
- ◯ _____

Nach Start der Motoren

- ◯ Schwebeflug OK
- ◯ Flugverkehr (-)
- ◯ Reaktion RC OK
- ◯ Bildsignal OK
- ◯ Störquellen (-)
- ◯ _____

Flugdaten

Flugnummer

Datum** *(TT.MM.JJJJ)*

Uhrzeit** *(hh:mm)*   :

Steuerer** *(Kürzel)*

System /Gerät**

Flugdauer** *(hh:mm)*   :

Zweck

Wetter / Wind *(km/h)*

Anzahl Aufstiege**

Aufstiegs- und Einsatzort** *(Adresse / Koordinaten)*

Besonderheiten, Vorkommnisse, Betriebsstörungen**, Notizen

* Unkorrigierte GRC (bzw. ARC) abzüglich Schadensminimierung/ Barrieren
**Pflichtangaben gemäß "Gemeinsame Grundsätze". Die Aufzeichnungen sind 2 Jahre aufzubewahren!

Packliste

- ○ UAV mit Zubehör
- ○ Absperrmaterial
- ○ _____
- ○ Erste-Hilfe-Kit
- ○ Feuerlöscher
- ○ _____
- ○ Dokumente
- ○ Weste / Helm
- ○ _____

SORA

1) **SORA** *nötig?* (+) (−)
2) **GRC** *korrigiert** _____
3) **ARC** *korrigiert** _____
4) **Risikoklasse** _____
5) **ConOps** *erstellt* (+) (−)

Pre-Start-Checkup

- ○ Mental bereit
- ○ Abruf NOTAM
- ○ Genehmigungen
- ○ Flugverbote (−)
- ○ Freigabe Tower
- ○ Akkucheck UAS/RC
- ○ Flugbereich sicher
- ○ Polizei/O-Amt Info
- ○ Kontrollzone (−)
- ○ _____

Vor Start der Motoren

- ○ Beleuchtung OK
- ○ GPS-Signal OK
- ○ RC-Verbindung OK
- ○ Flugmodus OK
- ○ Propeller fest
- ○ _____

Nach Start der Motoren

- ○ Schwebeflug OK
- ○ Flugverkehr (−)
- ○ Reaktion RC OK
- ○ Bildsignal OK
- ○ Störquellen (−)
- ○ _____

Flugdaten

Flugnummer

Datum** *(TT.MM.JJJJ)*

Uhrzeit** *(hh:mm)* :

Steuerer** *(Kürzel)*

System /Gerät**

Flugdauer** *(hh:mm)* :

Zweck

Wetter / Wind *(km/h)*

Anzahl Aufstiege**

Aufstiegs- und Einsatzort** *(Adresse / Koordinaten)*

Besonderheiten, Vorkommnisse, Betriebsstörungen**, Notizen

* Unkorrigierte GRC (bzw. ARC) abzüglich Schadensminimierung/ Barrieren
**Pflichtangaben gemäß "Gemeinsame Grundsätze". Die Aufzeichnungen sind 2 Jahre aufzubewahren!

Packliste

- ◯ UAV mit Zubehör
- ◯ Absperrmaterial
- ◯ _____
- ◯ Erste-Hilfe-Kit
- ◯ Feuerlöscher
- ◯ _____
- ◯ Dokumente
- ◯ Weste / Helm
- ◯ _____

SORA   Pre-Start-Checkup

1) **SORA** *nötig?* (+) (-)
2) **GRC** *korrigiert** ____
3) **ARC** *korrigiert** ____
4) **Risikoklasse** ____
5) **ConOps** *erstellt* (+) (-)

- ◯ Mental bereit
- ◯ Abruf NOTAM
- ◯ Genehmigungen
- ◯ Flugverbote (-)
- ◯ Freigabe Tower
- ◯ Akkucheck UAS/RC
- ◯ Flugbereich sicher
- ◯ Polizei/O-Amt Info
- ◯ Kontrollzone (-)
- ◯ _____

Vor Start der Motoren

- ◯ Beleuchtung OK
- ◯ GPS-Signal OK
- ◯ RC-Verbindung OK
- ◯ Flugmodus OK
- ◯ Propeller fest
- ◯ _____

Nach Start der Motoren

- ◯ Schwebeflug OK
- ◯ Flugverkehr (-)
- ◯ Reaktion RC OK
- ◯ Bildsignal OK
- ◯ Störquellen (-)
- ◯ _____

Flugdaten

Flugnummer

Datum** *(TT.MM.JJJJ)*

Uhrzeit** *(hh:mm)* :

Steuerer** *(Kürzel)*

System /Gerät**

Flugdauer** *(hh:mm)* :

Zweck

Wetter / Wind *(km/h)*

Anzahl Aufstiege**

Aufstiegs- und Einsatzort** *(Adresse / Koordinaten)*

Besonderheiten, Vorkommnisse, Betriebsstörungen****, Notizen**

* Unkorrigierte GRC (bzw. ARC) abzüglich Schadensminimierung/ Barrieren
**Pflichtangaben gemäß "Gemeinsame Grundsätze". Die Aufzeichnungen sind 2 Jahre aufzubewahren!

Wichtige Gesetze für unbemannte Fluggeräte

Hier finden Sie die wichtigsten Gesetze zum Stand November 2017 für Ihre Drohne im Originaltext (teilweise gekürzt (...)).

Luftverkehrsgesetz (LuftVG)

§ 1 Abs. 2 Nr. 9. LuftVG (Definition): Luftfahrzeuge sind (...) Flugmodelle.

§ 1 Abs. 2 Satz 3 LuftVG (Definition): Ebenfalls als Luftfahrzeuge gelten unbemannte Fluggeräte einschließlich ihrer Kontrollstation, die nicht zu Zwecken des Sports oder der Freizeitgestaltung betrieben werden (unbemannte Luftfahrtsysteme).

§ 33 Abs. 1 i.V.m. §§ 37, 43 LuftVG (Versicherung): Wird beim Betrieb eines Luftfahrzeugs durch Unfall jemand getötet, sein Körper oder seine Gesundheit verletzt oder eine Sache beschädigt, so ist der Halter des Luftfahrzeugs verpflichtet, den Schaden zu ersetzen. (...). Der Halter eines Luftfahrzeugs ist verpflichtet, zur Deckung seiner Haftung auf Schadensersatz nach diesem Unterabschnitt eine Haftpflichtversicherung in einer durch Rechtsverordnung zu bestimmenden Höhe zu unterhalten. (...) Der Ersatzpflichtige haftet für die Schäden aus einem Unfall (...) bei Luftfahrzeugen unter 500 Kilogramm Höchstabflugmasse nur bis zu einem Kapitalbetrag von 750.000 Rechnungseinheiten.

Luftverkehrszulassungsordnung (LuftVZO)

§ 19 Abs. 3 LuftVZO (Kennzeichnung): Der Eigentümer eines Flugmodells oder eines unbemannten Luftfahrtsystems mit jeweils einer Startmasse von mehr als 0,25 Kilogramm (...) muss vor dem erstmaligen Betrieb an sichtbarer Stelle seinen Namen und seine Anschrift in dauerhafter und feuerfester Beschriftung an dem Fluggerät anbringen.

Luftverkehrsordnung (LuftVO)

§ 13 Abs. 1 LuftVO (Abwurf von Gegenständen): Das Abwerfen oder Ablassen von Gegenständen oder sonstigen Stoffen aus oder von Luftfahrzeugen ist verboten. Dies gilt nicht für Ballast in Form von Wasser oder feinem Sand, Treibstoffe, Schleppseile, Schleppbanner und ähnliche Gegenstände, wenn sie an Stellen abgeworfen oder abgelassen werden, an denen eine Gefahr für Personen oder Sachen nicht besteht.

§ 21 Abs. 1 Nr. 2 LuftVO: Vor der Nutzung des kontrollierten Luftraums und des Luftraums über Flugplätzen mit Flugverkehrskontrollstelle ist bei der zuständigen Flugverkehrskontrollstelle eine Flugverkehrskontrollfreigabe einzuholen für (...) Aufstiege von Flugmodellen und ungesteuerten Flugkörpern mit Eigenantrieb.

§ 21a LuftVO (Erlaubnisbedürftiger Betrieb von unbemannten Luftfahrtsystemen und Flugmodellen): (1) Der Betrieb von folgenden unbemannten Luftfahrtsystemen und Flugmodellen bedarf der Erlaubnis:

1. unbemannte Luftfahrtsysteme und Flugmodelle mit mehr als 5 Kilogramm Startmasse,

2. unbemannte Luftfahrtsysteme und Flugmodelle mit Raketenantrieb, sofern die Masse des Treibsatzes mehr als 20 Gramm beträgt,

3. unbemannte Luftfahrtsysteme und Flugmodelle mit Verbrennungsmotor, die in einer Entfernung von weniger als 1,5 Kilometern von Wohngebieten betrieben werden,

4. unbemannte Luftfahrtsysteme und Flugmodelle aller Art in einer Entfernung von weniger als 1,5 Kilometern von der Begrenzung von Flugplätzen; auf Flugplätzen bedarf der Betrieb von unbemannten Luftfahrtsystemen und Flugmodellen darüber hinaus der Zustimmung der Luftaufsichtsstelle und der Flugleitung,

5. unbemannte Luftfahrtsysteme und Flugmodelle aller Art bei Nacht (...).

(2) Keiner Erlaubnis nach Absatz 1 und keines Nachweises nach Absatz 4 bedarf der Betrieb von unbemannten Luftfahrtsystemen durch oder unter Aufsicht von

1. Behörden, wenn dieser zur Erfüllung ihrer Aufgaben stattfindet;

2. Organisationen mit Sicherheitsaufgaben im Zusammenhang mit Not- und Unglücksfällen sowie Katastrophen.

Absatz 1 Nummer 4 zweiter Teilsatz gilt entsprechend.

(3) Die Erlaubnis wird erteilt, wenn

1. der beabsichtigte Betrieb von unbemannten Fluggeräten nach Absatz 1 und die Nutzung des Luftraums nicht zu einer Gefahr für die Sicherheit des Luftverkehrs oder die öffentliche Sicherheit oder Ordnung, insbesondere zu einer Verletzung der Vorschriften über den Datenschutz und über den Naturschutz, führen und
2. der Schutz vor Fluglärm angemessen berücksichtigt ist.
§ 20 Absatz 5 gilt entsprechend.
(4) Steuerer von unbemannten Fluggeräten mit einer Startmasse von mehr als 2 Kilogramm müssen ab dem 1. Oktober 2017 auf Verlangen Kenntnisse in
1. der Anwendung und der Navigation dieser Fluggeräte,
2. den einschlägigen luftrechtlichen Grundlagen und
3. der örtlichen Luftraumordnung
nach Satz 3 nachweisen. Satz 1 gilt nicht, sofern der Betrieb auf Geländen stattfindet, für die eine allgemeine Erlaubnis zum Aufstieg von Flugmodellen erteilt und für die eine Aufsichtsperson bestellt worden ist.
Der Nachweis wird erbracht durch
1. eine gültige Erlaubnis als Luftfahrzeugführer oder eine beglaubigte Kopie derselben,
2. eine Bescheinigung über eine bestandene Prüfung von einer nach § 21d vom Luftfahrt-Bundesamt anerkannten Stelle oder

3. eine Bescheinigung über eine erfolgte Einweisung durch einen beauftragten Luftsportverband oder einen von ihm beauftragten Verein nach § 21e für den Betrieb eines Flugmodells.

(5) Die zuständige Behörde bestimmt nach pflichtgemäßem Ermessen, ob dem Antrag auf Erteilung einer Erlaubnis weitere Unterlagen beigefügt werden müssen. Sie kann insbesondere noch verlangen:

1. den Nachweis, dass der Grundstückseigentümer oder sonst Berechtigte dem Aufstieg zugestimmt hat,
2. das Gutachten eines Sachverständigen über die Eignung des Geländes und des betroffenen Luftraums für den Betrieb von unbemannten Luftfahrtsystemen oder Flugmodellen,
3. weitere fachspezifische Bewertungen oder Gutachten, insbesondere zum Natur- und Lärmschutz, sofern diese im Einzelfall erforderlich sind.

(6) Schutzvorschriften insbesondere des Bundesnaturschutzgesetzes, Rechtsvorschriften, die auf Grund dieses Gesetzes erlassen worden sind oder fortgelten, sowie das Naturschutzrecht der Länder, sowie die Pflicht zur ordnungsgemäßen Flugvorbereitung im Sinne von Anhang SERA.2010 Buchstabe b der Durchführungsverordnung (EU) Nr. 923/2012 bleiben unberührt.

§ 21b LuftVO (Betriebsverbote): (1) Der Betrieb von unbemannten Luftfahrtsystemen und Flugmodellen ist verboten, sofern er nicht durch eine in § 21a Absatz 2 genannte Stelle oder unter deren Aufsicht erfolgt,

1. außerhalb der Sichtweite des Steuerers nach Maßgabe des Satzes 2, sofern die Startmasse des Geräts 5 Kilogramm und weniger beträgt,
2. über und in einem seitlichen Abstand von 100 Metern von Menschenansammlungen, Unglücksorten, Katastrophengebieten und anderen Einsatzorten von Behörden und Organisationen mit Sicherheitsaufgaben, sowie über mobilen Einrichtungen und Truppen der Bundeswehr im Rahmen angemeldeter Manöver und Übungen,
3. über und in einem seitlichen Abstand von 100 Metern von der Begrenzung von Industrieanlagen, Justizvollzugsanstalten, Einrichtungen des Maßregelvollzugs, militärischen Anlagen und Organisationen, Anlagen der Energieerzeugung und -verteilung sowie über Einrichtungen, in denen erlaubnisbedürftige Tätigkeiten der Schutzstufe 4 nach der Biostoffverordnung ausgeübt werden, soweit nicht der Betreiber der Anlage dem Betrieb ausdrücklich zugestimmt hat,
4. über und in einem seitlichen Abstand von 100 Metern von Grundstücken, auf denen die Verfassungsorgane des Bundes oder der Länder oder oberste und obere Bundes- oder Landesbehörden oder diplomatische und konsularische Vertretungen sowie internationale Organisationen im Sinne des Völkerrechts ihren Sitz haben sowie von Liegenschaften von Polizei und anderen Sicherheitsbehörden, soweit nicht die Stelle dem Betrieb ausdrücklich zugestimmt hat,

5. über und in einem seitlichen Abstand von 100 Metern von Bundesfernstraßen, Bundeswasserstraßen und Bahnanlagen, soweit nicht die zuständige Stelle dem Betrieb ausdrücklich zugestimmt hat,

6. über Naturschutzgebieten (...), Nationalparken (...) und über Gebieten (...), soweit der Betrieb von unbemannten Fluggeräten in diesen Gebieten nach landesrechtlichen Vorschriften nicht abweichend geregelt ist,

7. über Wohngrundstücken, wenn die Startmasse des Geräts mehr als 0,25 Kilogramm beträgt oder das Gerät oder seine Ausrüstung in der Lage sind, optische, akustische oder Funksignale zu empfangen, zu übertragen oder aufzuzeichnen, es sei denn, der durch den Betrieb über dem jeweiligen Wohngrundstück in seinen Rechten betroffene Eigentümer oder sonstige Nutzungsberechtigte hat dem Überflug ausdrücklich zugestimmt,

8. in Flughöhen über 100 Metern über Grund, es sei denn,

a) der Betrieb findet auf einem Gelände im Sinne des § 21a Absatz 4 Satz 2 statt, oder,

b) soweit es sich nicht um einen Multicopter handelt, der Steuerer ist Inhaber einer gültigen Erlaubnis als Luftfahrzeugführer oder verfügt über eine Bescheinigung entsprechend § 21a Absatz 4 Satz 3 Nummer 2 oder 3,

9. unbeschadet des § 21 in Kontrollzonen, es sei denn, die Flughöhe übersteigt nicht 50 Meter über Grund,

10. zum Transport von Explosivstoffen und pyrotechnischen Gegenständen, von radioaktiven Stoffen, von gefährlichen Stoffen und Gemischen (...), von Biostoffen (...) sowie von Gegenständen, Flüssigkeiten oder gasförmigen Substanzen, die geeignet sind, bei Abwurf oder Freisetzung Panik, Furcht oder Schrecken bei Menschen hervorzurufen,

11. über und in einem seitlichen Abstand von 100 Metern von der Begrenzung von Krankenhäusern.

Der Betrieb erfolgt außerhalb der Sichtweite des Steuerers, wenn der Steuerer das unbemannte Fluggerät ohne besondere optische Hilfsmittel nicht mehr sehen oder seine Fluglage nicht mehr eindeutig erkennen kann. Als nicht außerhalb der Sichtweite des Steuerers gilt der Betrieb eines unbemannten Fluggeräts mithilfe eines visuellen Ausgabegeräts, insbesondere einer Videobrille, wenn dieser Betrieb in Höhen unterhalb von 30 Metern erfolgt und

1. die Startmasse des Fluggeräts nicht mehr als 0,25 Kilogramm beträgt, oder wenn

2. der Steuerer von einer anderen Person, die das Fluggerät ständig in Sichtweite hat und die den Luftraum beobachtet, unmittelbar auf auftretende Gefahren hingewiesen werden kann.

(2) Der Betrieb von unbemannten Luftfahrtsystemen mit einer Startmasse von mehr als 25 Kilogramm ist verboten. Die zuständige Behörde kann zum Beispiel für einen Betrieb zu land- oder forstwirtschaftlichen Zwecken, auf Antrag Ausnahmen von dem Verbot nach Satz 1 zulassen (...).

(3) In begründeten Fällen kann die zuständige Behörde Ausnahmen von den Betriebsverboten nach Absatz 1 Satz 1 Nummer 1 bis 9 zulassen (...).

(4) (...)

§ 21c LuftVO (zuständige Behörde): Zuständige Behörde für die Erteilung der Erlaubnis nach § 21a Absatz 1 sowie für die Erteilung der Ausnahmegenehmigung nach § 21b Absatz 2 und 3 ist die örtlich zuständige Luftfahrtbehörde des Landes.

§ 21d LuftVO (Anerkannte Stellen): (1) Die Bescheinigung nach § 21a Absatz 4 Satz 3 Nummer 2 wird von einer nach Absatz 2 anerkannten Stelle nach Bestehen einer Prüfung ausgestellt. Die Bescheinigung gilt fünf Jahre.

(2) Das Luftfahrt-Bundesamt erkennt auf Antrag Stellen für die Erteilung der Bescheinigung an, wenn der Prüfungsumfang geeignet ist, die Qualifikation des Steuerers festzustellen. (...)

(3) Der Bewerber muss das 16. Lebensjahr vollendet haben und hat der anerkannten Stelle vor der Prüfung folgende Unterlagen vorzulegen:

1. ein gültiges Identitätsdokument,

2. bei Minderjährigkeit die Zustimmung des gesetzlichen Vertreters,

3. eine Erklärung über laufende Ermittlungs- oder Strafverfahren und

4. ein Führungszeugnis nach § 30 Absatz 1 des Bundeszentralregistergesetzes, sofern er sich erstmals um eine Bescheinigung bewirbt.

(4) Die Prüfung kann auch in einem internetgestützten Verfahren abgelegt werden. (...)

(5) (...)

(6) Die anerkannte Stelle führt ein Verzeichnis über die Namen und Anschriften der geprüften Bewerber. In diesem Verzeichnis sind auch Täuschungsversuche zu vermerken.

(7) Das Luftfahrt-Bundesamt führt die Aufsicht über die anerkannten Stellen. (...)

§ 21e LuftVO (Luftsportverbände): (1) Die Bescheinigung gemäß § 21a Absatz 4 Satz 3 Nummer 3 für Flugmodelle wird von einem sachkundigen Benannten eines (...) Luftsportverbandes oder eines von ihm beauftragten Vereins nach einer Einweisung erteilt. Die Bescheinigung gilt fünf Jahre. Die beauftragten Luftsportverbände legen die Vorgaben für das Verfahren der Erteilung der Bescheinigung fest.

(2) Der Bewerber muss das 14. Lebensjahr vollendet haben. Bei Minderjährigkeit ist die Zustimmung des gesetzlichen Vertreters nachzuweisen.

§ 21f LuftVO (Ausweichregeln): Steuerer von unbemannten Luftfahrtsystemen und Flugmodellen haben dafür Sorge zu tragen, dass diese bemannten Luftfahrzeugen und unbemannten Freiballonen (...) ausweichen.

Links und Apps

Eine kleine Auswahl an Links und Apps, die Sie kennen sollten (alphabetisch):

Apps
- DFS Drohnen App
- DWD Warnwetter-App
- UAV Forecast

Links

Anerkannte Stellen:
http://www.lba.de/DE/Luftfahrtpersonal/Unbemannte_Fluggeraete/Liste_anerkannte_Stellen.html

- Bundesverband Copterpiloten: www.bvcp.de
- Deutsche Flugsicherung: www.dfs.de
- Dr. Drohne: www.dr-drohne.de
- Eisenschmidt: www.eisenschmidt.aero
- Gesetze: www.gesetze-im-internet.de
- Infos und Adressen zu den Landesluftfahrtbehörden: www.sicherer-drohnenflug.de
- NOTAM: www.dfs-ais.de
- UAV-DACH: www.uavdach.org
- Weltweite Drohnenregeln: www.my-road.de/drohnen-gesetze-weltweit/

Weitere Produkte aus der Dr. Drohne Reihe

Drohnen Guide Band 1: Basiswissen für den Kenntnisnachweis (2017). R. Eisenschmidt GmbH Verlag. Egelsbach.

Drohnen Guide Band 2: Risikomanagement für zivile Drohnen & SORA (2018). R. Eisenschmidt GmbH Verlag. Egelsbach.

Dr. Drohne: Bewertung geplanter Normen zur Regulierung ziviler Drohnen anhand von ökonomischen Interessen und gesellschaftlichen Risiken (2017). BOD Verlag. Norderstedt.

Dr. Drohne: Distanzabschätzung für zivile Drohnen (2017). Broschüre.

Besuchen Sie uns auf

www.dr-drohne.de und
www.facebook.com/UAV.Lesestoff